ПРОТОПОП СИЛЬВЕСТР

ДОМОСТРОЙ

ORTHODOX LOGOS PUBLISHING

ДОМОСТРОЙ
протопоп Сильвестр

© 2024, Orthodox Logos Publishing, The Netherlands

www.orthodoxlogos.com

ISBN: 978-1-80484-176-1

This book is in copyright. No part of this publication may be reproduced, stored in a retrieval system or transmitted in any form or by any means without the prior permission in writing of the publisher, nor be otherwise circulated in any form of binding or cover other than that in which it is published without a similar condition, including this condition, being imposed on the subsequent purchaser.

ПРОТОПОП СИЛЬВЕСТР

ДОМОСТРОЙ

ORTHODOX LOGOS PUBLISHING

Содержание

Предисловие 11

1. Поучение отца сыну 14
2. Как христианам веровать во Святую Троицу и Пречистую Богородицу и в Крест Христов, и как поклоняться святым Небесным Силам Бесплотным, и всяким честным и святым мощам 16
3. Как причащаться Тайнам Божиим и веровать в воскресение из мертвых и Страшного Суда ожидать и как прикасаться ко всякой святыне 17
4. Как всею душою Господа возлюбить и близкого своего, страх Божий иметь и помнить о смертном часе . . 19
5. Как царя или князя чтить и во всем им повиноваться, и всякой власти покоряться, и правдой служить им во всем, в большом и в малом, а также больным и немощным – любому человеку, кто бы он ни был; и самому все это обдумать 21
6. Как почитать отцов своих духовных и повиноваться им во всем 23
7. Как почитать архиереев, а также священников и монахов. Во всех скорбях душевных и телесных с пользою им исповедоваться 24
8. Как христианам врачеваться от болезней и от всяких страданий – и царям, и князьям, и всяких чинов людям. И священникам, и монахам, и всем христианам 26
9. Как всякого посещать в страдании в монастырях, в больницах и в темницах 35

10. Как в церкви Божии и в монастыри
приходить с дарами 36

11. Как дом свой украсить святыми образами
и в чистоте содержать жилье 37

12. Как мужу с женою и с домочадцами
в доме своем молиться Богу 38

13. Как мужу и жене молиться в церкви,
пребывать в чистоте и всякого зла избегать 40

14. Как в дом свой приглашать
священников и иноков для молитвы 44

15. Как с домочадцами угощать
благодарно приходящих в твой дом 46

16. Как мужу с женой советоваться о том, что ключнику
наказать о столовом обиходе, о кухне и о пекарне 52

17. Наказ ключнику на случай пира 55

18. Наказ господина ключнику. Как готовить блюда
постные и мясные и кормить семью в мясоед и в пост . . 57

19. Как воспитать своих детей в поучениях
разных и в страхе Божием 60

20. Как воспитать дочерей и с приданым замуж выдать . . 62

21. Как детей учить и страхом спасать 63

22. Как детям почитать и беречь отца и мать
и повиноваться им и утешать их во всем 65

23. Похвала мужьям 67

24. Как рукодельничать всякому человеку
и любое дело делать, благословясь 69

25. Наказ мужу и жене, и детям,
и слугам о том, как следует им жить 71

26. Каких слуг держать при себе и как о них заботиться
во всяком их учении и по Божественным заповедям,
и в домашней работе 73

27. Если муж сам не учит добру, то накажет его Бог, если же и сам творит добро, и жену и домочадцев тому учит – примет от Бога милость 80

28. О неправедной жизни 81

29. О праведном житии 83

30. Как жить человеку по средствам своим 85

31. Кто живет нерасчетливо 86

32. Кто без присмотра содержит слуг 87

33. Как мужу воспитывать свою жену в том, чтобы сумела и Богу угодить и к мужу своему приноровиться. Чтобы могла дом свой лучше устроить. И всякий домашний обиход и рукоделье всякое знать, и слуг учить и самой трудиться 88

34. О мастерицах хороших женах, о запасливости их и о том, что кроить, как сохранять остатки и обрезки .. 91

35. Как кроить различную одежду и хранить остатки и обрезки 92

36. Как сохранять порядок домашний и что делать, если придется у людей чего попросить или людям свое дать 93

37. Как хозяйке следует повседневно приглядывать за слугами в домашнем обиходе и рукоделии, а самой ей все хранить и приумножать 95

38. Как слуг наставлять, посылая их на люди с чем-то, им велеть не болтать лишнего 97

39. Как жене с мужем советоваться каждый день и обо всем спрашивать: и как в гости ходить, и к себе приглашать, и с гостями о чем беседовать ... 102

40. Наказ женам о пьянстве и о хмельном питье (и слугам также): чтобы тайком не держать ничего нигде, а наветам и обману слуг без дознания не доверять; строгостью их наставлять (да и жену также), как в гостях пребывать и дома себя вести правильно 104

41. Как жене носить разную одежду и сберегать ее . . . 106

42. Как хранить в полном порядке посуду всякую и вести домашнее хозяйство, все комнаты содержать хорошо в чистоте; как хозяйке в том слуг наставлять, а мужу – проверять жену, поучать и страхом спасать 107

43. Как самому хозяину, или кому он прикажет, припасы на год и иной товар закупать 110

44. Как себе на расход купить разный товар заморский из дальних земель 112

45. О том же: когда и что покупать тому, у кого деревень нет, всякие домашние припасы, летом и зимой, и как запасать на год, и как дома разводить всякую скотину, еду и питье держать постоянно 113

46. Как сохранить припасенный впрок всякий припас постный 117

47. О прибыли от запасенного впрок 119

48. Как огородом и садом заниматься 120

49. Какие запасы напитков держать хозяину для себя и гостей и как слугам их приготовить 123

50. Поварам наставление, как пиво варить и мед сытить и вино курить 124

51. Как ключнику присматривать за поварами, за хлебопеками и всюду – за всем хозяйством 126

52. Как в житницах и закромах у ключника в сохранности было бы все зерно и прочий запас . . 127

53. Также и в сушильне присматривать ключнику за рыбой, сушеной и вяленой, за пластовым мясом и языками 128

54. Как все сохранять в погребе, на леднике и в сарае . 129

55. Как по наказу хозяйскому ключнику в клетях, в подклетях и в амбарах держать все в порядке 130

56. Как держать на сеновалах сено и лошадей в конюшнях, а на дворе запас дров и леса, и беречь всякую скотину 132

57. Как готовить на кухнях, в пекарнях и в рабочих избах и как в сготовленном разобраться 134

58. Как самому хозяину присматривать получше за погребами и ледниками, в житницах и в сушильнях, в амбарах и конюшнях 135

59. Как хозяину, выведав все, по заслугам жаловать слуг, а плохих наказывать 136

60. О торговцах и лавочниках: как лучше с ними расплачиваться 137

61. Как устраивать двор или лавку, или амбары и деревеньку 138

62. Как подворное тягло платить или с лавки позем или с деревни подать, а должникам – возвращать долги . 140

63. Указание ключнику, как хранить в погребе всякие припасы соленые – и в бочках, и в кадках, и в мерниках, и в чанах, и в ведерках мясо, рыбу, капусту, огурцы, сливы, лимоны, икру, рыжики и грузди 142

64. Записи на весь год, что к столу подавать с Пасхального воскресенья в мясоед 145

65. Правило о различных медах сыченых: как сытить меды всякие, как ягодный морс готовить, и квас медовый простой ставить, и пиво простое подсычивать медом, и хмель варить в кипятке, чтобы сытить мед обварной . 151

66. Правила о всех овощах различных, как их обрабатывать и готовить 155

67. Свадебный чин 163

Послание и наставление Отца Сыну 192

Словарь устаревших слов 203

Некоторые сведения о «Домострое» 213

Примечания 216
Биография: Протопоп Сильвестр 237

Предисловие

«Домострой», приписываемый протопопу Сильвестру, представляет собой важнейший памятник духовной и общественной жизни XVI века. Этот сборник наставлений и советов, направленных на регулирование поведения в семье, на государственном уровне и в частной жизни, отражает не только религиозные, но и бытовые аспекты жизни того времени. «Домострой» стал своего рода энциклопедией повседневной жизни для русских христиан, руководством, которое охватывает всё: от религиозных обязанностей до практических вопросов ведения домашнего хозяйства.

Первоначально этот труд создавался для воспитания и наставления в среде знати и был рассчитан на людей с высоким социальным статусом. Однако со временем он распространился среди всех слоёв общества и оказал влияние на формирование бытовых и семейных норм. Основной идеей «Домостроя» было создание упорядоченного и благочестивого быта, который сочетает в себе строгие нравственные нормы и практическую пользу. Наставления касаются как духовной жизни, так и каждодневных обязанностей.

Текст состоит из многочисленных поучений, охватывающих основные аспекты жизни: от религиозной веры до вопросов воспитания детей и управления домашним хозяйством. Прежде всего, «Домострой» учит тому, что главным принципом жизни должна быть вера во Святую Троицу, исполнение заповедей Божиих и соблюдение церковных обрядов. Глава семьи изображается как ответственный за духовное и материальное благополучие своей семьи, и это делает его как духовным наставником, так и хозяйственным руководителем.

Одним из ключевых элементов текста является наставление о том, как воспитывать детей в христианской вере, как учить их дисциплине и уважению к старшим. Здесь даются подробные рекомендации, как воспитать из детей праведных христиан, начиная с малых лет и продолжая воспитание до совершеннолетия. Уделяется внимание и воспитанию девочек, которым надлежит стать примерными жёнами и хозяйками, способными управлять домом.

«Домострой» также предлагает наставления для глав семей, давая конкретные указания о том, как управлять слугами, вести хозяйство и поддерживать порядок в доме. Это руководство включает в себя такие практические советы, как забота о запасах еды, содержание огорода, уход за домашней утварью и присмотр за скотом. В каждом из этих аспектов акцентируется внимание на важности регулярного контроля, дисциплины и расчётливости.

Кроме того, текст рассматривает вопросы экономического управления: как правильно планировать расходы, как накопить и сохранить имущество, как распоряжаться своими доходами с благоразумием. «Домострой» учит осторожности в денежных делах и предостерегает от лишних трат, призывая к бережливости и предусмотрительности. Важно, чтобы семья жила по средствам, не впадала в долг и избегала ненужных растрат.

С особым вниманием автор подходит к вопросам семейных отношений и поведения внутри семьи. «Домострой» учит мужей, как правильно обращаться с жёнами и детьми, как наставлять их на путь добродетели и как сохранять порядок в доме. Здесь даётся подробная инструкция о том, как жёнам поддерживать дом, вести хозяйство и управлять слугами. Наставления подчёркивают важность уважения между супругами, послушания и выполнения домашних обязанностей. Мужа в тексте называют «главой», который должен вести свою семью с любовью, строгостью и справедливостью.

Важную роль в «Домострое» играет учение о соблюдении церковных обрядов и традиций. Наставления касаются регулярного посещения церкви, постов, молитв и исполнения всех обрядов. Это было неотъемлемой частью христианской жизни, и следование церковным канонам должно было распространяться на всю семью.

«Домострой» представляет собой уникальный памятник, сочетающий религиозные, моральные и практические наставления. В нём отразились не только духовные устремления, но и бытовые нужды людей той эпохи. Это учение актуально для того времени, когда религия и обычаи играли ключевую роль в жизни общества. Наставления протопопа Сильвестра остаются важным свидетельством о традициях семейного уклада и бытового хозяйства Руси XVI века.

Текст «Домостроя» стал важным источником для понимания средневековой культуры, морали и семейного уклада. Он до сих пор вызывает интерес у историков, культурологов и богословов, потому что этот сборник наставлений отражает уникальную синергию религиозного, бытового и социального аспектов жизни древнерусского общества. Сохраняя свою актуальность, он продолжает быть важным руководством для тех, кто ищет в нём мудрые советы по ведению христианского домашнего хозяйства и семейной жизни.

1. Поучение отца сыну

Благословляю я, грешный (имярек), и поучаю, и наставляю, и вразумляю единственного сына своего (имярек) и его жену (имярек), и детей их, и домочадцев — следовать христианским законам, жить с чистой совестью и по правде, в вере соблюдая волю Божию и заповеди его, а себя утверждая в страхе Божием и в праведном житии, жену наставляя и домочадцев своих не понужденьем, не битьём, не тяжкою работой, а словно детей, что всегда в покое, одеты и сыты, и в теплом дому, и всегда в порядке. Вручаю вам, по-христиански живущим, на память это писание, на вразумление вам и детям вашим. Если ж писания моего не примете, наставлению не последуете, не станете жить по нему и поступать не будете так, как здесь сказано, дадите ответ за себя сами в день Страшного суда, а я преступлениям и грехам не причастен вашим, не моя то вина: благословлял я вас на благочинную жизнь, и размышлял, и молил, и поучал, и писал вам. Если же примете простое мое поучение и ничтожное наставление со всей чистотою душевной и прочтете, прося, насколько возможно, у Бога помощи и разума, и коли Бог вразумит, претворите их все в дело,— будет на вас милость Божия и Пречистой Богородицы, и великих чудотворцев, и наше благословение отныне и до окончания века. И дом ваш, и чада ваши, имение ваше и богатство, какие вам Бог послал нашим благословением и за ваши труды – да будут благословенны и преисполнены всяческих благ во веки веков. Аминь.

2. Как христианам веровать во Святую Троицу и Пречистую Богородицу и в Крест Христов, и как поклоняться святым Небесным Силам Бесплотным, и всяким честным и святым мощам

Каждому христианину следует знать[1], как по-божески жить в православной вере христианской, как, во-первых, всей душою и любым помышлением всеми чувствами искренней верою веровать в Отца и Сына и Святого Духа – в нераздельную Троицу[2]; в воплощение Господа нашего Иисуса Христа, Сына Божия, веруй, Его родившую Мать называй Богородицей, и поклоняйся с верой Кресту Христову, ибо этим спасение людям принес Господь. Всегда иконе Христа и Пречистой Его Матери и святым небесным бесплотным силам и всем святым почести с верой воздавай, как и самим им, и с любовью в молитве все это высказывай и поклоны твори, и Бога на помощь призывай, а мощи святых благоговейно целуй и поклоняйся им.

3. Как причащаться Тайнам Божиим и веровать в воскресение из мертвых и Страшного Суда ожидать и как прикасаться ко всякой святыне

В тайны Божии веруй, Телу и Крови Божией причащайся с трепетом в очищение и освящение души и тела, ради оставления грехов и для вечной жизни. Веруй в воскресение из мертвых и в вечную жизнь, поминай Страшный Суд – и будет нам всем воздаяние по нашим делам. Когда же, приготовив себя духовно, с чистой совестью их коснемся – с молитвой святой целуй Животворящий Крест и святые иконы честные, чудотворные и многоцелебные мощи. Да и после молитвы перекрестясь целуй их, воздух в себе удержав и губами не шлепая. А благоволит Господь причаститься Божественных Тайн Христовых, так ложечкой от священника принимая в уста осторожно, губами не чмокать, а руки сложить у груди крестом; а если кто достоин, дору и просфиру и все освященное нужно вкушать осторожно, с верой и с трепетом, и крошки на землю не уронить да не кусать зубами, как поступают иные; хлеб, ломая его, кусочками мелкими в рот класть, жевать губами и ртом, не чавкать; и просфиру с приправой не есть, а только воды прихлебнуть или вина церковного в кипяченую воду прибавить, а ничего иного туда не примешивать.

Прежде всякой еды просфира вкушается в церкви и дома, никогда просфиры не есть ни с кутьей ни с кануном, ни с какою иною добавкой не есть, и на кутью просфиры не класть[3]. А если с кем во Христе целованье творить, то, целуясь, воздух также в себе задержав, губами не чмокать. Подумай и сам: человеческой немощи, чуть заметного запаха чесночного гнушаемся, как и смрада хмельного, больного и прочего смрада, – так как же мерзок и Господу смрад наш и вонь от него – вот почему с осторожностью следует совершать все это.

4. Как всею душою Господа возлюбить и близкого своего, страх Божий иметь и помнить о смертном часе

Так возлюби же Господа Бога твоего всею душою своей и со всею твердостью духа своего, и стремись делами своими всеми, привычками, нравом угодить Богу. При том возлюби всех близких твоих, по образу Божию созданных, то есть всякого христианина. Страх Божий всегда носи в своем сердце и любовь нелицемерную, и помни о смерти. Всегда соблюдай волю Божию и живи по заповедям его. Сказал Господь: «На чем тебя застану, по тому и сужу», — так что всякому христианину следует быть готовым к встрече с Господом — жить добрыми делами, в покаянии и чистоте, всегда исповедовавшись, постоянно ожидая смертного часа.

Еще о том же. Возлюбишь Господа от всей души — страх его да будет в сердце твоем. Будь и праведен, и справедлив, и живи в смирении; очи долу опуская, ум к небесам простирай, в молитве к Богу и в слове к людям приветлив будь; опечаленного утешь, в бедах будь терпелив, со всяким будь обходителен, щедр и милостив, нищелюбив и странноприимен, скорби о грехах и радуйся в Боге, не будь алчен к пьянству и жаден к обжорству, будь кроток, тих, молчалив, друзей возлюби, а не злато, будь неспесив, боязлив пред царем, готовым исполнить волю его, в ответах вежлив; и чаще молись, благоразуумный старатель Бога, не осуждай никого, защитник обездоленных, будь нелицемерен,– чадо Евангелия, сын воскресения, наследник вечной жизни во Христе Иисусе, Господе нашем, Ему же слава во веки.

5. Как царя или князя чтить и во всем им повиноваться, и всякой власти покоряться, и правдой служить им во всем, в большом и в малом, а также больным и немощным – любому человеку, кто бы он ни был; и самому все это обдумать

Бойся царя и служи ему верно, всегда о нем Бога моли. И лживо никогда не говори с ним, но с почтением правду ему отвечай, как самому Богу, во всем ему повинуясь. Если земному царю с правдою служишь и боишься его, научишься и Небесного Царя страшиться: этот – временен, а Небесный вечен, Он – судья нелицемерный, каждому воздаст по делам его. Также и князьям покоряйтесь, воздавая им должную почесть, ибо посланы Богом карать злодеев и награждать добродетельных. Князя своего прими и власти свои, не помысли на них зла. Ибо говорит апостол Павел: «Вся власть от Бога»[4], – так что кто противится власти, тот Божию повелению противится. А царю и князю и любому вельможе не думай служить обманом, погубит Господь изрекающих ложь, а сплетники и клеветники прокляты и людьми. Тем, кто старше тебя, честь воздавай и кланяйся, средних почитай как братьев, немощных и скорбных любовно утешь, а младших как чад возлюби – ни одному созданию Божию не будь лиходеем[5]. Славы земной ни в чем не желай, проси у Бога вечного блаженства, всякую скорбь и тягость благодарно претерпи: если обидят – не мсти, если хулят – молись, не воздавай злом за зло, за клевету – клеветой; согрешающих не осуждай, припомни свои грехи, позаботься прежде всего о них; злых людей отвергни советы, ревнуй живущим по правде, деяния их занеси в свое сердце, и сам поступай так же.

6. Как почитать отцов своих духовных и повиноваться им во всем

Следует знать и то, как почитать детям духовных своих отцов. Приискать отца духовного доброго, боголюбивого и благоразумного, рассудительного и твердого в вере, который подаст пример, а не потаковщика пьяницу, не сребролюбца, не гневливого. Такого следует почитать и слушаться его во всем, и каяться перед ним со слезами, грехи свои поведуя без стыда и без страха, а наставления его исполнять и епитимьи соблюдать по грехам своим[6]. Призывать же его к себе в дом часто, да и к нему приходить на исповедь по всей совести, поученьям его с признательностью внимать, и подчиняться ему во всем, и почитать его, и бить челом ему низко: он учитель наш и наставник. И пребыть перед ним со страхом и признательностью, к нему ходить и давать ему подношения от своих плодов трудов по возможности. Советуйтесь с ним почаще о житии полезном, чтоб удержаться от всяких грехов. Как мужу наставлять и любить жену свою и детей и слуг, как жене слушаться мужа; обо всем советуйтесь с ним всякий день. Исповедоваться же в грехах своих следует перед отцом духовным и открывать грехи свои все, и покоряться ему во всем: ибо заботятся они о наших душах и ответ дадут за нас в день Страшного Суда; и не следует ни бранить их, ни осуждать, ни укорять, а если же станут за кого просить, выслушать это, да наказать виновного, по вине смотря, но прежде все обсудив.

7. Как почитать архиереев, а также священников и монахов. Во всех скорбях душевных и телесных с пользою им исповедоваться

Всегда приходи к священникам и воздавай подобающие им почести, проси у них благословения и духовного наставления и, припадая к ногам их, во всем богоугодном им повинуйся. Отнесись с доверием и любовью к священникам и монахам, во всем покоряйся и повинуйся им, от них получая спасение души. В трудных делах без стеснения спрашивай их совета и о духовном, и обо всем греховном. А если какое постигнет тебя страдание, душевное или телесное, или болезнь, или некий недуг, пожар ли, потоп, воровство и разбой, или опала царская, или господний гнев, или поклеп, оговор, или убытки безмерные и иная неизбывная скорбь, — при всем при том не впадай в отчаяние, припомни прежние свои прегрешения, которые горе доставили Богу или людям, и слезы искренние пролей пред милостивым владыкой и Пречистою Богородицей, и перед всеми святыми; к тихому обратясь пристанищу, к этим духовным наставникам, исповедуй свои согрешенья и скорбь — в умилении и со слезами, в сокрушении сердца, и уврачуют тебя во всяких бедах, облегченье душе даровав. А если что повелят священники, все то исполни, каясь в грехах, ибо они суть слуги и молельщики у Небесного Царя, дано им от Господа дерзновение просить о полезном и добром для душ и для тел наших, и о прощении грехов, и о жизни вечной.

8. Как христианам врачеваться от болезней и от всяких страданий – и царям, и князьям, и всяких чинов людям. И священникам, и монахам, и всем христианам

Если Бог нашлет на кого-то болезнь или какое страдание, врачеваться следует Божиею милостью да молитвою и слезами, постом, подаянием нищим да истовым покаянием, с благодарностью и прощением, с милосердием и нелицемерной любовью ко всем. Если кого ты чем-то обидел, нужно просить прощения сугубо и в будущем не обижать. А при этом отцов духовных и всех священников и монахов поднять на моление Богу, и петь молебны, и воду святить Честным Животворящим Крестом и со святых мощей и с чудотворных образов, и освящаться елеем; по святым чудотворным местам по обету ходя, молиться со всею чистою совестью, и тем получить от Бога исцеление самым разным недугам. И всех согрешений избегать и впредь никому не творить зла. Наказы же духовных отцов соблюдать и епитимьи править, и тем очиститься от греха, душевные и телесные болезни исцелить, взывая к Божиему милосердию. Каждый христианин обязан избавлять себя от всяких недугов, душевных и телесных, от душетленных и болезненных страданий, жить по заповеди господней, по отеческому преданию и по христианскому закону (как в начале книги этой написано, с первой главы первые пятнадцать глав и все остальные главы книги также); прочесть и двадцать девятую главу: вдуматься в них и все соблюдать, – тогда человек и Богу угодит, и душу спасет, и греха избудет, и получит здоровье, душевное и телесное, и наследует вечные блага.

Кто же в своей дерзости и страха Божиего не имеет и воли Божией не творит, закону христианского отеческого предания не следует, о церкви Божией и о церковном пении, и о келейном правиле, и о молитве, и о восхвалении Бога не думает, ест и пьет без удержу до объядения и до пьянства в неурочное время, и правил не соблюдает общежития: в воскресения и среды и пятницы, в праздники и Великим постом и постом Успенским без воздержанья блудит в неурочное время, наруша природу и закон, или те, что от жен блудят или совершают содомский грех и всякую мерзость творят и всякие богоотвратные дела[7]: блуд, распутство, сквернословие и срамословие, бесовские песни, пляски и прыгание, игру на бубнах, трубах, сопелках, завозят медведей и птиц и ловчих собак и конские гонки устраивают, – всё, угодное бесам, всю непристойность и наглость, а к тому же еще чародейство и волхвование, и колдовство, звездочетье, чернокнижье, чтение отреченных книг, альманахов, гадальных книг, шестокрыла, верят в громовые стрелы и топорки, в усовье и в матку, в камни и кости волшебные и в прочие всякие козни бесовские. Если же кто чародейством и зельем, кореньями-травами, до смерти или до помешательства окормит или бесовскими словами, наваждением и наговором наведет кого-то на любой порок и особенно на прелюбодеянье, или если кто-то клянется именем Божиим ложно или клевещет на друга, – тут же прочти и двадцать восьмую главу. При таких вот делах, в таковых обычаях-нравах и рождается в людях гордость, ненависть, злопамятство, гнев, враждебность, обиды, ложь, воровство, проклятие, срамословие, сквернословие[8], чародейство и волхвование, насмешка, кощунство, обжорство и пьянство безмерное – с рассвета и допоздна, – и всякие злые дела, и грубый блуд, и любое распутство. И благой человеколюбец Бог, не приемля таковых злых нравов людей и обычаев, и всяких неподобных дел, как чадолюбивый отец страданиями спасает всех нас[9] и приводит к спасенью, наставляя, наказывает за премногие наши грехи, но не предает скорой смерти, не желает смерти грешника, но ждет покаяния, чтобы мог человек исправиться и жить. Если же они не исправятся, не покаются в недобрых делах, Бог наводит на нас по нашим грехам когда голод, когда и мор, а то и пожары, а то и потоп, а то и пленение и смерть от руки язычников, и городам разорение, Божиим церквам и всякой святыне уничтожение, а всему имуществу расхищение, и клевету друзей. Иногда и по царскому гневу постигает тебя разорение, немилосердная казнь и позорная смерть, иногда же от разбойников – убийство и грабеж, и от воров – покража, и от судей – и мзда и расход. То бездожье – а то дожди без конца, неудачные годы – и зима непригодная, и морозы лютые, и земли бесплодие, и всяческой живности – скотине падеж и зверю, и птицам, и рыбам, и скудость всяким хлебам; а то вдруг утрата родителей и жены и детей от тяжелых и быстрых и внезапных смертей после тяжких и горьких страданий в недугах и злая кончина. Ибо многие праведники истинно служат Богу, по заповедям господним живут между нами, грешными, однако на этом свете равно с грешными Бог их казнит, чтобы по смерти смогли они сподобиться самых сияющих венцов от Господа, нам же, грешникам, горше мука, – ведь и праведники претерпевают страдания тяжкие за беззаконие наше. Так неужели во всех этих бедах не исправимся мы, ничему не научимся и не придем к раскаянию, не очнемся, не устрашимся, видя подобное наказание от праведного гнева Божия за бесконечные наши грехи? И снова Господь, наставляя нас и направляя к спасению, искушая, словно праведного долготерпеливого Иова, насылает на нас страдания и болезни, и тяжкие недуги, от духов лукавых мучение, огнивание тела, костям ломоту, отек и опухоль на все члены, запор обоим проходам, и камень в почках, и килу, и тайных членов гниение, водянку и глухоту, слепоту и немоту, боли в желудке и страшную рвоту, и вниз на оба прохода и кровь и гной, и чахоту, и кашель, и боль в голове и зубную боль, и грыжу, и подагру, чирьи и сыпь, слабость и дрожь, желваки и бубоны, и паршу, и горб, шею, ноги и руки скрюченные и косоглазие, и иные всякие тяжкие недуги – всё наказание по Божиему гневу. И вот – все грехи свои мы забыли, мы не покаялись, ни в чем не желаем ни исправляться, ни устрашиться, ничто не научит нас!

И хотя мы видим во всем том Божию кару и страдаем от тяжких болезней за многие наши грехи, за то, что забыли Бога, создавшего нас, не прося у Бога ни милости, ни прощенья, – какое же зло творим мы, обращаясь к нечистым бесам, от которых уже при святом крещении отреклись, как и от дел их, и приглашаем к себе чародеев, кудесников и волхвов, колдунов и знахарей всяких с их корешками, от которых ждем душетленной и временной помощи, и этим готовим себя в руки дьявола, в адову пропасть во веки мучиться. О безумные люди! Увы неразумию вашему, не сознаем мы своих грехов, за которые Бог нас казнит и мучит, и не каемся в них, не избегаем пороков и непотребных дел, не помышляем о вечном, но мечтаем о тленном и временном. Молю – и снова молю: отриньте пороки и душетленные все дела, искренним очистим себя раскаянием, и милостивый

Господь да помилует нас в грехах, телу даст здравие, а душам спасение, и вечных благ не лишит. И если кто-то из нас благодарно отмучится в этом мире в различных болезнях, во всяких страданиях, чтобы очиститься от грехов своих Царства ради Небесного, он не только грехам получит прощение, но и будет наследником вечных благ. Ибо писано в святом Апостоле: «Многими страданиями предстоит нам войти в Царство Небесное»[10]. В святом Евангелии сказано: «Узкий и скорбный путь, вводящий в жизнь вечную, но широкий и просторный, вводящий в пагубу»[11]. И еще сказал Господь: «Трудно достичь Царства Небесного, и только те, что приложат усилие, получат его»[12].

Вспомянем святых мужей, их страдания Бога ради, самые разные недуги и болезни, и благое терпение тех, кто не призывал к себе ни чародеев, ни кудесников, ни волхвов, ни травников, никаких бесовских врачевателей, но все упование возлагал на Бога, благодарно претерпевая очищение за грехи свои и ради наслаждения вечными благами, – словно долготерпеливый преподобный Иов или нищий Лазарь[13], который пред вратами богатого в навозе лежал, гноем и червями снедаем, а ныне на лоне Авраама почивает[14]; и точно Симеон Столпник[15], сам сгноивший тело свое, червями пенясь; и многие праведники, Богу угодившие, всякими болезнями и различными недугами страдая, благодарно терпели все спасения ради души своей и ради жизни вечной, и за страдания те вошли в небесное царство, многие – и богатые и бедные – христианского рода, всяких чинов люди – и княжеского, и боярского, и священники, и монахи – в бесконечных болезнях и недугах страдая, всякими одержимы бывали горестями, и даже обиды ради Бога стерпели, и у Бога просили милости и уповали на помощь его.

И тогда милосердный Бог на рабов своих изливает бесконечные милости и дарует исцеленье, и прощает грехи, и от страданий спасает: тех с помощью Животворящих крестов и чудотворных икон, святых образов христовых и богородичных, архангельских и всех святых, и посредством святых мощей и елеопомазания и елеосвящения, и через молебны в богослужении, которые бывают на всенощной в Божиих святых церквах и монастырях, и в чудотворных местах, и в дому, и в пути, и на водах,– везде призывая с верою Господа Бога, Пречистую Богородицу, их угодников даровать прощение, здоровье телу и душе спасение.

Многие так и скончались в недугах и тяжких болезнях, в различных страданьях, ими очистившись от грехов, жизни вечной сподобились. Постигнем смысл сего в точности, станем подражать житию их и их терпению, по житию соревнуясь со святыми отцами, пророками и апостолами, святителями и мучениками, преподобными и юродивыми Христа ради, со святыми женами, православными царями и князьями, священниками и монахами – со всеми христианами, богоугодно прожившими век.

До конца постигнем, как в жизни этой претерпели они страдания Христа ради – те постом и молитвами и долготерпением, жаждой и голодом, наготой в морозы или в солнечный жар, поруганием и оплеванием, всякими упреками, битьем и мучением от нечестивых царей различными муками ради Христа; их казнили, в огне сжигали, звери их пожирали, каменьями их забивали, топили в водах, в пещерах, в пустынях и в земных пропастях окончили жизнь они, в узах в темницы заключены и пленены, всякие понесли труды, претерпевали страдания и различные муки, – «и кто их исчислит?» – как говорит святое Писание.

И за такие страдания страшные, за муки свои какую награду они получили от Христа в жизни этой и в жизни вечной! Наслаждение вечными благами, каких не видело око, не слышало ухо и на сердце человеку не дало – вот что Бог уготовит любящим его. Да и как восславляются ныне они, как *церковь* Божия славит их! Мы сами только этим святым и молимся, на помощь их призываем с просьбой молиться пред Богом за нас, а от их чудотворных образов и чтимых мощей исцеление получаем. Воспоследствуем же таковых святых житию и страданию благодарно и кротко, и в награду подобную же благодать получим от Бога.

[О волхвовании и о колдунах][16]

6-го собора правило 61. И тем, кто поддался волхвованию или так называемым мудрецам (или иным таковым же, которые могут предсказывать), если кто захочет раскрыть неведомое по первой, полученной от святых отцов заповеди – пусть следует правилу канона: на шесть лет они лишены Причастия, как и те, кто водит медведей или другого какого зверя на развлеченье толпе и для заработка, кто предсказывает судьбу при рождении и родословную по звездам, и подобными речами вводит народ в заблужденье. Гадающие по облакам, чародеи, создатели амулетов и волшебники, этим занятые и не отступающие от пагубных сих языческих дел, – изгонять таковых повсюду из церкви требуем, как и повелевает закон священнику. «Что общего у света со тьмой?»[17] – как сказал апостол, и как сочетается *церковь* Божия с идолами языческими? какое соучастие верному с неверным?[18] какое согласие Христу с дьяволом?

Толкование. Те, которые следуют пагубному колдовству, ходят к волхвам и колдунам или приглашают их в дом свой, желая узнать через них неизреченное нечто, как и те, кто кормит и держит медведей или каких-нибудь псов или ловчих птиц для охоты или развлечения и для прельщения толпы, или верят в судьбу и в родословцы, то есть в рожаниц[19], и в колдовство по звездам[20] и гадают по облакам бегущим,– всех, творящих такое, повелел собор на шесть лет отлучать от Причастия, пусть четыре года стоят с оглашенными, а остальные два года – с верными, и тем самым сподобятся Божественных Даров. Если же не исправятся они и после отлучения и языческого обмана не оставят, то от церкви – везде и всегда – пусть изгонятся. О волхвах и колдунах говорили богоносные отцы и церковные учителя, а больше всех *Иоанн Златоуст* говорит: те, кто занимается волшебством и колдовство творит, если даже они и изрекают имя святой Троицы, если даже и творят знамение Святого Креста Христова,– все равно подобает их избегать и от них отвращаться.

О 24 правиле Анкирского собора[21]. Те, кто волхвует, кто следует обычаям язычников, и те, кто вводит колдунов в дома свои для совершения колдовства и для очищения от отравления, лишены Причастия, согласно правилам, на пять лет в определенном порядке: три года внутри пребывать, и вне церкви два года, – только молитвы без просвиры и без Причастия.

Толкование. Если кто доверится волхвам, колдунам или травникам, или иным им подобным, и призывает их в дом свой, чтобы испытать судьбу, и те проясняют ему, чего он захочет, или во время колдовства, желая познать таинственное, ворожит на воде, чтобы злом исцелить злое, – пусть три года стоит с оглашенными, а два года – с верными, одной лишь молитвой приобщась с ними, но лишь по истечении пяти лет он причастится Святых Тайн.

61 Правило Шестого собора, происходившего в дворцовом Трулле[22]. Шесть лет таковым не велит приобщаться Тайн, то есть не причащаться.

Шестого собора в Константинополе, в дворцовом Трулле 11-е правило[23]. Не должно быть никакого общения у христиан с иудеями[24]. Поэтому если сыщется кто-то, кто их опресноки ест или приглашает врача их для своего исцеления, или кто моется с ними в бане, или иначе как-то общается с ними, если из причта он – из церкви его изгнать, если мирянин – отлучить.

Из *Василия Великого* правило 72[25]. Доверившийся волхвам или им подобным убивающим время, – пусть станет это запретным.

Толкование. Пошедший на обучение вредной мудрости к волхвам, колдунам или чародеям пусть будет наказан как преднамеренный убийца; верящий же волхвам или вводящий их в дом свой для лечения от отравления или предсказания будущего – на шесть лет пусть будет наказан, как повелевает 61 правило Шестого Вселенского собора, бывшего в Константинополе, в дворцовом Трулле, и 83 правило в том же послании *Василия Великого*.

9. Как всякого посещать в страдании в монастырях, в больницах и в темницах

В монастыре и в больнице, в затворничестве и в темнице заключенных посещай и милостыню, по силе своей возможности, подавай, что попросят; вглядись в беду и страдания, во все их нужды, и помогай, как сможешь, и всех, кто страдает в бедности и в нужде, как нищего не презирай, пригласи в свой дом[26], напои, накорми, согрей, с любовью и с чистою совестью привет; их молитвами получишь от Бога милости и грехов отпущение. Поминай и родителей своих покойных подношением в *церковь* Божию на панихиду и на службы[27], и дома поминки по ним устраивай, а нищим раздай милостыню: тогда и тебя не забудет Бог.

10. Как в церкви Божии и в монастыри приходить с дарами

В церкви Божии всегда приходить с верою, не во гневе и без зависти, без всякой вражды, но всегда со смиренною мудростью, кротко и в чистоте телесной, и с подношением: со свечой и с просвирой, с фимиамом и с ладаном, с кануном и с кутьей[28], и с милостыней, – и за здравие, и за упокой, и к праздникам также по монастырям пойдешь – также с милостыней и с подношением. Когда принесешь к алтарю свой дар, вспомни евангельское слово: «Если что-то имеет брат твой против тебя, оставь тогда дар твой пред алтарем, и пойди помирись прежде с братом своим»[29], – и только тогда принеси свой дар Богу от праведного добра своего: от неправедного стяжания неприемлемо дарение. Сказано было к богатым: «Лучше не грабить, чем милостыню давать от неправедно добытого»[30]. Полученное неправедно верни обиженному тобою – это достойней милостыни. Богу же приятен дар от праведного прибытка, от добрых дел.

II. Как дом свой украсить святыми образами и в чистоте содержать жилье

Каждому христианину нужно в доме своем, во всех комнатах, по старшинству развесить на стенах святые и честные образа, на иконах написанные, их украсив, и поставить светильники, в которых во время молебствия перед святыми образами возжигаются свечи, а после служения – гасятся, закрываются занавеской от грязи и пыли, строгого ради порядка и для сохранности. Постоянно следует их обметать чистым крылышком и мягкою губкой их протирать, а комнату эту всегда содержать в чистоте. К святым образам прикасаться лишь с чистою совестью, во время службы, при пении и молитве свечи возжигать и кадить благовонным ладаном и фимиамом. А образа святых расставляются по старшинству, сначала, как уже сказано, особенно почитаемые. В молитвах и в бдении, и в поклонах, и во всяком хвалении Бога нужно всегда воздавать им почесть – со слезами и с плачем, и со скорбным сердцем, исповедуясь в своих прегрешениях, просить отпущения грехов.

12. Как мужу с женою и с домочадцами в доме своем молиться Богу[32]

Каждый день вечером муж с женою и с детьми, и с домочадцами, если кто знает грамоту – отпеть вечерню, повечерницу, в тишине со вниманием, предстоя смиренно с молитвою, с поклонами, петь согласно и внятно, после службы не пить, не есть и не болтать никогда. Да и всему свое правило. Ложась спать, каждый христианин кладет пред иконой по три земных поклона, но в полночь, встав тайком, со слезами хорошо помолиться Богу, сколько сможешь, о своих прегрешениях, да и утром, вставая – также; и каждый поступает по силам и желанию, а беременные женщины кланяются поясным поклоном. Всякому христианину следует молиться о своих прегрешениях и об отпущении грехов, о здравии царя и царицы, и чад их, и братьев его, и бояр его, и о христолюбивом воинстве, о помощи против врагов, об освобождении плененных, и о святителях, священниках и монахах, и об отцах духовных, и о болящих, о заключенных в темницы, – и за всех христиан. Жене же нужно молиться о своих прегрешениях – и за мужа, и за детей, и за домочадцев, и за родичей, и за духовных отцов. А утром, поднимаясь, также Богу помолиться, отпеть заутреню и часы, и молебен с молитвою, да в тишине, со смирением, стройно петь и со вниманием слушать, и образам покадить. А если некому петь, то побольше молиться и вечером и утром. Мужьям же нельзя пропускать ни дня церковного пения: ни вечерни, ни заутрени, ни обедни, а женам и домочадцам – как уж получится, как решат: в воскресенье и в праздники, и в святые праздничные дни.

13. Как мужу и жене молиться в церкви, пребывать в чистоте и всякого зла избегать

В церкви же на службе стоять трепетно и в тишине молиться. Дома же всегда петь повечерницу, полунощницу и часы. А кто прибавит церковную службу ради своего спасения, это в его воле, ибо тогда и награда больше от Бога. А женам в *церковь* Божию ходить как удастся – и по желанию и советуясь с мужем. В церкви же ей ни с кем не беседовать, молча стоять, пение слушать со вниманием и чтение святого Писания, никуда не оглядываясь, не прислоняться ни к стене, ни к столпу, и с посохом не стоять, не переступать с ноги на ногу; стоять, руки сложив на груди крестообразно, непоколебимо и твердо, телесные очи долу опустив, а сердечными – к Богу[33]; молиться Богу со страхом и трепетом, с воздыханиями и слезами. Не выходить из церкви до конца службы, приходить же к самому ее началу. По воскресеньям и в праздники Господни, в среду и в пятницу, в святой Великий пост и в богородичный пребывать в чистоте. А обжорства и пьянства, и пустых бесед, непристойного смеха остерегаться всегда. От воровства и блуда, от лжи, клеветы, от зависти и всего, неправедно приобретенного: от ростовщичества, от кормчества, от взятки и от любого иного лукавства отречься и ни на кого не гневаться, не попомнить зла, а разбоя и грабежа и насилия всякого, и неправедного суда никогда не творить. От ранней еды (и питья) и от поздней – после вечерней службы – воздерживаться, если же пить и есть, то во славу Божию и лишь в разрешенное время[34]; малых же детей и работников кормить по усмотрению хозяев.

Разве не ведаете, что неправедные не войдут в Царство Божие?[35] – как апостол Павел сказал: «Если кто-то известен как блудник или лихоимец, или идолослужитель, или насмешник, или пьяница, или грабитель – с такими не есть»? И еще сказал: «Не льститесь: ни блудники, ни идолослужители, ни прелюбодеи, ни осквернители, ни рукоблудники, ни мужеложники, ни лихоимцы, ни воры, ни пьяницы, ни оскорбители, ни разбойники в Царствие Божие не войдут», – потому и нужно всякому христианину оберегаться от всякого зла.

Следует христианину всегда держать в руках – четки, а молитву Иисусову – неустанно на устах; и в церкви и дома, и на торгу – ходишь, стоишь ли, сидишь ли, и на всяком месте, по словам пророка Давида: «На всяком месте благослови, душа моя, Господа!»[36] Творить же молитву так: «Господи, Исусе Христе, Сыне Божий! помилуй мя, грешного»[37], – и так говорить шестьсот раз, а седьмую сотню – Пречистой Богородице: «Владычице моя, Пресвятая Богородица, помилуй мя, грешного!» – и опять возвращаться к началу, и так говорить постоянно. Если кто эту молитву, пользуясь ею, легко говорит как ноздрями дышит, то после первого года войдет в него Сын Божий – Христос, после второго – войдет в него Дух Святой, а после третьего – приникнет к нему Отец, и, войдя в него, обитать в нем станет Святая Троица, поглотит молитва сердце и сердце поглотит молитву, и будет вопиять ту молитву днем и ночью, и избавится он от вражьих сетей по слову Христа Иисуса, Господа нашего – Ему же слава вовеки, аминь.

И Пречистая Богородица со всеми небесными силами и со всеми святыми защитницей станет от дьявольских козней всех в этой жизни и в будущей – для того, кто с верою молится и Божиим заповедям следует.

Как следует креститься и кланяться[38]

Святителям – и попам и монахам,– царям и князьям, и всем христианам следует кланяться образу Спасову и Животворящему Кресту, и Пречистой Богородице, и святым Небесным Силам и всем святым, и священным сосудам, и святым почитаемым мощам таким образом: правой руки соединить персты – первый крайний да нижних два концами сомкнуть, – этим знаменуется Святая Троица; средний перст выпрямить, чуть наклонив, а соседний повыше, выпрямив – они знаменуют две ипостаси: Божеское и человеческое. И перекрестить себя спереди так: сначала руку возложить на чело, потом на грудь, после на правое плечо и, наконец, на левое – так по смыслу представлен и Крест Христов. Потом головой поклониться до пояса, большой же поклон – головой до земли. Молитвы и мольбы – на устах, а на сердце – умиление, и во всех твоих членах – сокрушение о грехах, слезы текут из очей и от души – воздыхание. Устами – Бога славить и воспевать, умом и сердцем и дыханием молить о благом, рукою креститься, а телом склоняться до земли или в пояс – и всегда поступать только так. Архиереям же и священникам рукой точно так же перекрестить христианина, просящего у них благословения.

О Кресте Христовом как знаке, о поклонении ему в «Патерике» достоверно пишут; всё прочтя там, постигнешь силу Креста Христова.

Из Феодорита[39]. Рукою благословлять и креститься так: три перста держать вместе вровень по образу Троицы – Бог Отец, Бог Сын, Бог Святой Дух; не три бога, но единый Бог в Троице, именами различается, а Божество едино: Отец не рожден. Сын же рожден, а не создан, а Дух Святой ни рожден, ни создан – нисходит, – трое в одном божестве. Едина сила – одна Божеству и честь, один поклон от всего творения, от ангелов и от людей. Вот каково трем тем перстам основание. Два же перста нужно держать наклонно, не сгибая, они знаменуют две природы Христа, божественную и человеческую: Бог по божеству, а человек – по вочеловечению, совместно же обе они – совершенство. Верхний перст знаменует божество, а нижний – человечество, поскольку, от вышних сойдя, спас нижних. Он же изъясняет и сведение вместе перстов: ибо, склонив небеса, сошел ради спасения нашего. Так вот надлежит и креститься и благословлять, так установлено святыми отцами. Из Афанасия и *Петра Дамаскина*, о том же[40]. Поскольку начертанием Честного и Животворящего Креста изгоняются бесы и различные недуги без всякой платы и без труда – кто может слишком восславить его? Святые отцы оставили нам это знамение для споров с неверными еретиками: два перста (но на одной руке) являют Христа, Бога нашего в двух естествах, но в одном существе познаваемого. Десница же знаменует неизреченную силу его и одесную Отца восседание, и сошествие свыше, с небес к нам его являет, а также указывает нам, что следует с правой стороны на левую отгонять врагов, ибо непобедимой силой своей покорил Господь дьявола: шуйца же в сущности и невидима и некрепка.

14. Как в дом свой приглашать священников и иноков для молитвы

А в иные праздники, по своему завету, или немощи ради, или если елеем кого освящать, призывайте священников в дом свой, часто, как сможете, и совершайте службу по всякому поводу; тогда и молятся за царя и великого князя (имярек), всей Руси самодержца[41] и за его царицу великую княгиню (имярек), и за их благородных чад, и за братьев его и за бояр, и за все христолюбивое воинство, и о победе над врагами, и об освобождении пленённых, о святителях и обо всех священниках и иноках — о всякой просьбе, и за всех христиан, и за хозяев дома — мужа и жену, и за чад и домочадцев, и обо всем, что им надобно, если в этом нуждаются.

А воду святят Животворящим Крестом и с чудотворных образов или с чтимых святых мощей, а за болящего освящают масло во здравие и исцеление. Если же масло освящать над болящим приходится в доме, пусть призовут семь попов или больше, а дьяконов сколько удастся. Освящают же масло и делают все по уставу, и кадят по всем комнатам дьякон или поп, и святою водою кропят, а честным крестом осеняет старший из них, и все вместе в этом доме славят Бога. А после службы накрывают столы, пьют и едят попы и монахи, и все, кто приходит, бедных тут же всячески обласкают и одарят, и возвратятся те к себе домой, славя Бога. Так же следует поминать и преставившихся родителей; во святых церквах Божиих, в монастырях панихиды соборне петь и литургию служить, и за трапезой братию кормить за упокой и за здравие, и в дом к себе приглашать и кормить, утешить и милостыню подавать.

Воду же нужно святить шестого января и первого августа – всегда одним Животворящим крестом. Трижды его погружают в чаши епископ или священник, проговаривая тропарь «Спаси, Господи, люди Твоя» трижды, а на Богоявление – тропарь: «Когда во Ердани крестился Ты, Господи» – тоже трижды, а на блюде лежат святые кресты и иконы и чудотворные чтимые мощи. И вынимая из чаши крест, держит его священник над блюдом, а с креста стекает вода на эту святыню. По погружении же креста и по освящении воды умащает он губкой, омакивая в освященную воду почитаемые кресты и святые иконы и чудотворные мощи, сколько их ни есть в святом храме или в дому, произнося тропари каждому святому[42], святую икону его помазуя. А после того следует отжимать губку в уже освященную воду и снова ею другие святыни умащать также. И той же святой водой крестообразно окропить алтарь и весь святой храм, и в доме также по комнатам всем кропить, и всех людей. А заслужившие верою умащаются этой водой и пьют ее на исцеление и очищение душам и телам, и в оставление грехов и в жизнь вечную.

15. Как с домочадцами угощать благодарно приходящих в твой дом

Перед началом трапезы прежде всего священники славят Отца и Сына и Святого Духа, потом Деву Богородицу и вынимают освящённый хлеб, а по окончании трапезы освящённый хлеб выставляют, и, помолясь, как должно вкушают и освящённую чашу Пречистой Богородицы пьют. Потом же пусть скажут о здравии и заупокой. И если едят в благоговейном молчании или за духовной беседой, тогда им невидимо ангелы предстоят[43] и записывают дела добрые, а еда и питьё тогда в сладость. Если же станут еду и питьё хулить, точно в отбросы сразу превращается то, что едят. А если при этом грубые и бесстыдные речи звучат, непристойное срамословие, смех, забавы разные или игра на гуслях и всякая музыка, пляски и хлопание в ладоши, и прыжки, всякие игры и песни бесовские, тогда, словно дым отгоняет пчёл[44], отойдут и ангелы Божии от этой трапезы и непристойной беседы. А бесы возрадуются и налетят, свой час улучив, тогда и творится всё, что им хочется: бесчинствуют за игрой в кости и в шахматы[45], всякими бесовскими играми тешатся, дар Божий — еду и питьё, и плоды земные — на посмешище бросят, прольют, друг друга колотят, обливают, надругаясь всячески над Божиим даром, а бесы записывают эти дела их, несут к сатане, и вместе радуются они погибели христиан. Но все такие деяния предстанут в день Страшного суда: о, горе – творящим такое! Когда иудеи сели в пустыне есть и пить и, объевшись и упившись, начали веселиться и блуд творить[46], тогда земля поглотила их[47] – двадцать тысяч и три тысячи. О, устрашитесь тем, люди, и творите волю Божию так, как в законе писано; от такового злого бесчинства сохрани, Господь, всякого христианина, Есть и пить вам во славу Божию, не объедаться, не упиваться, пустых речей не вести.

Когда перед кем-то ставишь ты еду и питье и всякие яства, или же перед тобою поставят их, хулить не следует, говоря: «это гнилое» или «кислое» или «пресное», или «соленое», или «горькое», или «протухло», или «сырое», или «переварено», или еще какое-нибудь порицание высказывать, но подобает дар Божий – любую еду и питье – похвалить и с благодарностью есть, тогда и Бог придает пище благоухание и превратит ее в сладость. А уж если какая еда и питье никуда не годятся, накажи домочадцев, того, кто готовил, чтоб наперед подобного не было.

Из Евангелия. Когда позовут тебя на пир[48], не садись на почетном месте, вдруг из числа приглашенных будет кто-то тебя почтеннее, и подойдет к тебе хозяин и скажет: «Уступи ему место!» – и тогда придется тебе со стыдом перейти на последнее место. Но, если тебя пригласят, сядь войдя на последнее место, и когда придет пригласивший тебя и скажет тебе: «Друже, садись выше!» – тогда почтут тебя остальные гости. Так и всякий, кто возносится – смирится, а смиренный вознесется.

А к этому добавь еще: когда пригласят тебя на пир, не упивайся до страшного опьянения и не сиди допоздна, потому что во многом питии и в долгом сидении рождается брань и свара и драка, а то и кровопролитие. И ты, если здесь находишься, хоть не бранишься и не задираешься, в той брани и драке не будешь последний, но первый: ведь долго сидишь, дожидаешься этой брани. И хозяин с этим – к тебе упрек: спать к себе не идешь, а его домочадцам нет и покоя и времени для других гостей. Если упьешься допьяна, а спать к себе не идешь – не едешь, тут и уснешь, где пил, останешься без присмотра, ведь гостей-то много, не ты один. И в этом твоем перепое и небрежении изгрязнишь на себе одежду, а колпак или шапку потеряешь. Если же были деньги в мошне или в кошельке, их вытащат, а ножи заберут – и вот уж хозяину, у которого пил, и в том по тебе кручина, а тебе тем более: и сам истратился, и от людей позор, скажут: там, где пил, тут и уснул, кому за ним присмотреть, коли все пьяны? Видишь сам, какой и позор и укор и ущерб тебе от чрезмерного пьянства.

Если уйдешь или уедешь, а выпил все же порядочно, то по пути уснешь, не доберешься до дому, и тогда пуще прежнего пострадаешь: снимут с тебя и одежду всю, все отберут, что при себе имеешь, не оставят даже сорочки. Итак, если не протрезвишься и до конца упьешься, я скажу так: тело лишишь души. Спьяну многие от вина умирают и замерзают в пути. Не говорю: не следует пить, такого не надо; но говорю: не упивайтесь допьяна пьяными. Я дара́ Божиего не порицаю, но порицаю тех, кто пьет без удержу[49]. Как пишет апостол Павел к Тимофею: «Пей мало вина – лишь желудка ради и частых недугов»[50], а нам писал: «Пейте мало вина веселия ради, а не для пьянства: пьяницы Царства Божия не наследуют». Многие люди лишаются пьянством и земного богатства. Если кто безмерно придерживается питья, восхвалят его безрассудные, но потом они же его и осудят за то, что глупо растратил добро свое. Как сказал апостол: «Не упивайтесь вином, нет в нем спасения, но упивайтесь восхвалением Бога», а я скажу так: упивайтесь молитвой, и постом, и милостыней, и посещением церкви с чистою совестью. Их одобряет Бог, такие примут от него награду в царстве Его. Вином же упиваться-то погибель души и телу, а богатству своему разор. Вместе с земным имением пьяницы лишаются и небесного, ибо пьют не Бога ради, но пьянства для. И единственно только бесы радуются, к которым пьянице путь предстоит, если не успеет покаяться. Так видишь ли, о человек, какой позор и какой упрек за это от Бога, и от святых его? Апостол причисляет пьяницу, как всякого грешника, к неугодным Богу, по судьбе равным бесам, если искренним покаянием не очистит он душу свою. Так пусть же будут все христиане, с Богом живущие в православной вере, вместе с Господом нашим Иисусом Христом и со святыми его, славящие Святую Троицу – Отца и Сына и Святого Духа, аминь.

Но вернемся к предыдущему, о чем у нас речь. А хозяин дома (или слуги его) должен подавать всем есть и пить или за стол, или послать в другой дом, разделив по достоинству и по чину, и по обычаю. От большого стола посылают блюда, от остальных не бывает; за любовь да верную службу – пусть как положено всех оделят, и о том прощения просят.

А от стола или от трапезы еду и питье тайно выносить или высылать, без разрешения и без благословения – святотатство и самовольство, таких людей всегда осуждают.

Когда поставят перед тобой различные яства и пития, но если кто-то знатнее тебя из приглашенных будет, не начинай есть раньше его; если же почетный гость ты, то поднесенную пищу начинай есть первым. У иных боголюбцев обильно бывает еды и питья, и все, что останется нетронутым, убирают, потом еще пригодится – послать или дать. Если же кто, бесчувствен и неискусен, не учен и невежда, без рассуждений все блюда подряд починает, же насытясь и не желая есть, не заботясь о сохранении блюд, такого обругают и высмеют, он обесчещен перед Богом и людьми.

Если случится приветить приезжих людей, торговых ли, или иноземцев, иных гостей, званых ли, Богом ли данных[51]: богатых или бедных, священников или монахов,— то хозяину и хозяйке следует быть приветливыми и должную честь воздавать по чину и по достоинству каждого человека. С любовью и благодарностью, ласковым словом каждого из них почтить, со всяким поговорить и добрым словом приветить, да есть и пить или на стол выставить, или подать из рук своих с добрым приветом, а иным и послать чего-нибудь, но каждого чем-то выделить и всякого порадовать. Если какие из них ждут в сенях или сидят на дворе — и тех накормить-напоить и, за столом сидя, не забыть высылать им еду и питье. Если есть у хозяина сын или верный слуга, пусть бы и он присматривал всюду и всех бы почтил и добрым словом приветил, и никого б не ругал, не обесчестил, не опозорил, не высмеял, не осудил, чтобы ни хозяину, ни хозяйке, ни детям их, ни слугам не нанес осуждения.

А если гости или гостьи между собой разругаются — их унимать осторожненько, а кто уже не в себе — бережно препроводить его ко двору его и от всякой драки по пути уберечь; признательно и благодарно, накормив-напоив, с честью и отправить — это и Богу в дар, и добрым людям — в честь. Отнесись и к нищим милостиво и душевно — с того тебе будет от Бога награда, от людей же — добрая слава.

Когда угощаешь или поминаешь родителей в монастыре, поступай точно так же: кормить и поить и милостыню раздавать по силе возможности, за здравие и за упокой. Если же кто сначала накормит, напоит и одарит, но потом обесчестит и изругает, осудит и высмеет, или заочно ославит, или местом обойдет, или, не накормив да облаяв, еще и ударит, а потом и выгонит со двора, или слуги его обесчестят кого-то, — тогда такой стол или пир на утеху бесам, а Богу во гнев, и средь людей и позор и ярость, и вражда, а обиженным — срам и оскорбление. Безрассудным таким хозяину и хозяйке и слугам их — грех от Бога, от людей неприязнь и укор, а от бедных людей еще и проклятье, и порицание. Если кого не накормишь, спокойно объясни, не облаяв и не побив, и не обесчестив, вежливо отпусти, отказав. А пойдет со двора кто, жалуясь на хозяйское невнимание, так учтивый слуга вежливо гостюшке проговорит: «Не прогневайся, батюшка, много гостей у хозяев наших, не поспели тебя употчивать», — тогда они первыми бьют тебе челом, чтобы ты на них не сердился. А по завершении пира должен слуга рассказать хозяину о госте, который ушел, а если гость нужный, так сразу и сказать господину, а уж тот, как захочет.

У государыни же у жены и добрые и всякие гости, каковы у нее ни случаются, с ними ей так же поступать, как в этой главе написано. И детям ее и слугам также.

А о сидящих за трапезой видение святого Нифонта в Прологе изложено[52], а в Пандектах Антиоха о еде глава третья[53].

16. Как мужу с женой советоваться о том, что ключнику наказать о столовом обиходе, о кухне и о пекарне

Каждый день и каждый вечер, исправив духовные обязанности, и утром, по колокольному звону встав и после молитвы, мужу с женою советоваться о домашнем хозяйстве, а на ком какая обязанность и кому какое дело ведено вести, всем тем наказать, когда и что из еды и питья приготовить для гостей и для себя. А то и ключник по хозяйскому слову прикажет, что купить на расход, и когда, купив назначенное, его принесут, все отмерить и тщательно оглядеть. А тому, кто на домашний расход закупает всякий припас, на еду, на рыбу и мясо и на приправу всякую, деньги давать на неделю или на месяц, а когда истратит деньги да даст в них отчет господину, снова возьмет. Так все и видно: и харчи, и издержки, и его служба. Повару же отослать то, что следует сварить, и хлебопеку, и для иных заготовок так же товар отослать. И всегда бы ключник держал в памяти то, что нужно сказать хозяину. А в поварню печь и варить яства мясные и рыбные отдавать по счету, как господин повелит, на столько блюд пусть испекут и сварят, и готовое все у повара взять по счету же. На стол же всякие яства ставить по хозяйскому приказу, по гостям смотря, а хлебный припас и всякой еды также по счету дать и взять по счету же, а если что из похлебок и готовки всякой от стола останется нетронутым и недоеденным, нетронутые блюда перебрать, а начатые – отдельно, и мясные и рыбные, и сложить все в чистую крепкую посуду и накрыть, и обложить льдом. Початые же блюда и разные остатки отдавать на подъедание, куда что сгодится, а нетронутое хранить для хозяина и хозяйки и для гостей. Напитки к столу подавать по наказу, судя по гостям, или без гостей, а госпоже только брага да квас. А столовую посуду: и тарелки, и братины, и ковши, и уксусницы, перечницы, рассольницы, солонки, поставцы, блюда, ложки, скатерти и покрывала,— все бы всегда было чисто и готово на стол или в поставцы. И комнаты были бы выметены, и горницы, да прибраны, а образа на стене развешены по чину как положено, а столы бы и скамьи были вымыты и вытерты, и ковры по лавкам расстелены. А уксус, рассол огуречный да лимонный да сливовый были бы отцежены через сита, огурцы же, лимоны и сливы очищены и перебраны, на столе было бы чисто и опрятно. А рыба сушеная и всякая вяленая, и разный студень, мясной и постный, и икра, и капуста – очищены и по блюдам разложены, уже до еды приготовлены. А напитки бы все были чистые, через сита процежены. А ключники бы и повара, и пекари, и стряпухи все еще до стола поели бы и выпили немного некрепких напитков, тогда и стряпают они спокойно. И в платьице бы нарядились, в какое хозяин велит, изготовились бы чистенько, и во всякой стряпне, что кому поручено хозяином, держали бы себя чисто и аккуратно. А всякая посуда и все снасти у ключника и у всех на кухне были бы вымыты и вычищены и в полной сохранности, а у хозяйки и у ее слуг также. Еду же и напитки на стол нести, оглядев, чтоб и посуда, в которой несешь, была чиста и дно подтерто, а еда и напитки также чисты, без мусора и без плесени и без пригарины; поставить, осмотрев, а поставив еду или напитки, тут уж не кашлять, не плевать, не сморкаться, но отойдя в сторонку, вычистить нос и прокашляться, или сплюнуть, отворотясь да растереть ногою; так-то любому человеку прилично.

17. Наказ ключнику на случай пира

Если же пир предстоит большой, то всюду наблюдать самому — на кухне, в разделочной и в пекарне. А блюда на столы подавать — поставить умелого человека, да у поставца, у напитков и у посуды тоже опытный нужен, чтобы все было в порядке. А напитки к столу подавать по хозяйскому наставлению, кому что ведено, на сторону же без разрешения никому не давать. И за столом, и как кончится пир, осмотреть и пересчитать, и прибрать утварь серебряную и оловянную и медную, кружки и ковши, и братины, и братины с крышкой, и блюда — куда и за чем кого-то пошлют и кто понесет, на том с того и стребовать; да чтобы на сторону чего не украли, за всем следить строго. Тогда и на дворе нужен надежный человек, чтобы за всем наблюдал и стерег домашние всякие вещи: не покрали б чего, да и гостя пьяного охранить, чтобы ничего не растерял и не разбился, и не ругался ни с кем. А слуги гостей, которые на дворе при лошадях у саней и у седел, за теми тоже следует приглядеть, чтобы между собой не бранились, друг друга не обокрали, гостей не поносили бы, да и домашнего бы не крали чего и не портили,— за всем присмотреть, от всего унимать; а кто не слушается — доложить хозяину. И человеку, что на дворе поставлен, в то время ничего не пить, никуда не отходить, и тут на дворе, и в подклетях, и в пекарне, и на кухне, и на конюшне за всем наблюдать строго.

Когда же стол отойдет и закончится пир, всю посуду серебряную и оловянную собрать, просмотреть, сосчитать, перемыть и сложить все на место, и кухонную посуду также. И блюда все перебрать, мясные и рыбные, и студень и похлебки, и прибрать, как сказано прежде. В день пира – под вечер или назавтра пораньше – самому хозяину оглядеть, все ли в порядке и пересчитать, и распытать у ключника в точности, сколько чего было съедено, выпито, и кому что отдано, и кому что послано, так что весь расход во всяком деле был бы известен, и посуда бы вся была на счету, и мог бы ключник господину доложить все в точности, что куда разошлось и кому что дано, и сколько в чем сошлось. И если. Бог даст, все в порядке и не потрачено, и ничего не испорчено, то господину следует ключника наградить, и остальных служек также: и поваров, и пекарей, которые умело и бережливо готовили, а не пили, и всех тогда похвалить, и накормить, и напоить; тогда они постараются и впредь хорошо работать.

18. Наказ господина ключнику. Как готовить блюда постные и мясные и кормить семью в мясоед и в пост

Да и то бы наказывал ключнику господин, какую еду в мясоед отпускать на кухню для хозяина на домашний расход, и для гостей, а какую – в постные дни. О напитках также нужен ключнику хозяйский наказ, какие напитки подносить господину и его жене, какие – семье и гостям, – и все то готовить и делать и выдавать по хозяйскому распоряжению. И во всяком деле ключнику господина каждое утро спрашивать о блюдах и напитках и обо всех поручениях; как господин повелит, так и делать. Господину же о всяких делах домашних советоваться с женой и ключнику поручать, как челядь кормить в какой день: в скоромные дни хлеб решетный, щи каждый день да каша с ветчиной жидкая, а иногда, сменяя ее, и крутая с салом, и мясо, если будет, дадут к обеду: а на ужин щи да молоко или каша: а в постные дни щи да житная каша, иногда с вареньем, когда и горох, а когда и сущик, когда печеная репа. Да в ужин капустные щи, толокно, а то и рассольник, ботвинья. По воскресеньям да праздникам к обеду какие-нибудь пироги или густые каши, или овощи, или селедочная каша, блины и кисель, и что Бог пошлет. Да на ужин все, как прежде сказано. А женкам челяди и девкам, и ребятишкам тоже, да и рабочим людям та же еда, но с прибавлением остатков со столов господского и гостевого. Лучших же людей, которые торгуют или в приказе служат, тех господин за свой стол сажает. Те же, кто подает гостям за стол, вдобавок после стола доедают блюда из столовых остатков. А госпожа мастерицам и швеям также – сама за столом их кормит и подает им от своей еды. Пить же челяди пиво из отжимок, а в воскресенье и в празднике браги дадут, и приказчикам тоже брага всегда; другими напитками господин пожалует сам или прикажет ключнику, а для удовольствия и пивца велит дать.

Наказ господина или госпожи ключнику и повару, как варить для семьи, челяди или для нищих скоромную и постную пищу. Капусту или ботву или крошево мелко нарезать и вымыть хорошо, и разварить, и посильней распарить; в скоромные дни положить мяса, ветчины или сальца ветчинного, сметанки подать или всыпать крупы да разварить. В пост же соком залить или иной какой приварки добавить да прибавив снова хорошенько упарить, так же крупы подсыпав да с солью в кислых щах заварить. А кашку различную уварить также, и хорошенько упарить с маслом или с салом, или с селедочным маслом, или с соком. А если есть мясо вяленое, полтевое, и солонина или вяленая рыба и копченая и соленая – вымыть их, выскрести, вычистить и уварить хорошенько. И всякую снедь для рабочих семей готовить, и хлебы для них месить и заквасить и скатать хорошо и выпечь; и пирожки для них также[54]. Всю пищу для них готовить хорошенько и чисто, как для себя[55]: от всякого блюда такого госпожа или ключник всегда откушает сам, и если сварено нехорошо или выпечено, бранит за то повара или пекаря, или женщин, которые готовили. Если же ключник за тем не следит, то бранят и его, если же и госпожа о том не заботится, то бранит ее муж; служек и нищих кормить, как себя, ибо то Богу в честь, а себе во спасение.

Господину же и госпоже нужно всегда следить и спрашивать слуг и немощных, и убогих об их нужде, о еде, о питье, об одежде, обо всем необходимом, о всяких их скудости и недостатке, об обиде, о болезни, о всех тех нуждах, в которых можно помочь ради Бога, насколько удасться, и заботиться, насколько Бог пособит и от всей души, как о детях своих, как о близких. Если же кто не радеет о том и таковым не соболезнует, ответит он перед Богом и награды от него не получит[56], кто же все это с любовью, от всей души и блюдет и хранит, великую милость от Бога получит, грехам отпущение, и вечную жизнь наследует.

19. Как воспитать своих детей в поучениях разных и в страхе Божием[57]

Да пошлет Бог кому детей, сыновей и дочерей, то заботиться отцу и матери о чадах своих; обеспечить их и воспитать в доброй науке: учить страху Божию и вежливости, и всякому порядку. А со временем, по детям смотря и по возрасту, учить их рукоделию, отец – сыновей, а мать – дочерей, кто чего достоин, какие кому Бог способности даст[58]. Любить и хранить их, но и страхом спасать, наказывая и поучая, а не то, разобравшись, и поколотить. Наказывай детей в юности – упокоят тебя в старости твоей. И хранить, и блюсти чистоту телесную и от всякого греха отцам чад своих как зеницу ока и как свою душу. Если же дети согрешают по отцовскому или материнскому небрежению, о таковых грехах и ответ им держать в день Страшного суда. Так что если дети, лишенные наставлений отца и матери, в чем согрешат или зло сотворят, то и отцу и матери с детьми их от Бога грех, а от людей укор и насмешка, дому убыток, а себе самим скорбь, от судей же позор и пеня. Если же у богобоязненных родителей, рассудительных и разумных, дети воспитаны в страхе Божием в добром наставлении, и научены всякому знанию и порядку, и ремеслу, и рукоделию,– такие дети вместе с родителями своими Богом будут помилованы, священниками благословлены и добрыми людьми похвалены, а вырастут – добрые люди с радостью и благодарностью женят сыновей своих на их дочерях или, по Божией милости и подбирая по возрасту, своих дочерей за сыновей их выдадут замуж. Если же из таковых какое дитя и возьмет Бог после покаяния и с причащением, тем самым родители приносят Богу непорочную жертву, и как вселятся такие дети в чертоги вечные[59], то имеют дерзновение у Бога просить милости и прощения грехов также и для своих родителей.

20. Как воспитать дочерей и с приданым замуж выдать

Если дочь у кого родится, благоразумный отец, который торговлей кормится – в городе ли торгует или за морем,– или в деревне пашет, такой от всякой прибыли откладывает на дочь (и в деревне также): или животинку растят ей с приплодом, или из доли ее, что там Бог пошлет, купит полотна и холстов, и куски ткани, и убрусы, и рубашка – и все эти годы ей в особый сундук кладут или в короб и платье, и уборы, и мониста, и утварь церковную, и посуду оловянную и медную и деревянную, добавляя всегда понемножку, каждый год, как сказано, а не все вдруг, себе в убыток. И всего, даст Бог, будет полно. Так дочь растет, страху Божию и знаниям учится, а приданое ей все прибывает. Только лишь замуж сговорят – отец и мать могут уже не печалиться: дал Бог, всего у них вволю, в веселии и в радости пир у них будет. Если же отец и мать незапасливы, для дочери своей, по сказанному здесь, ничего не приготовили, и доли ей никакой не выделили, лишь станут замуж ее отдавать – тотчас же кинутся и покупать все, так что скорая свадьба у всех на виду. И отец и мать впадут в печаль от свадьбы такой, ведь купить все сразу – дорого. Если же по Божией воле дочь преставится, то поминают ее приданым, по душе ее сорокоуст, и милостыню раздают[60]. А если есть и другие дочери, таким же образом заботиться и о них.

21. Как детей учить и страхом спасать

Наказывай сына своего в юности его[61], и упокоит тебя в старости твоей, и придаст красоты душе твоей. И не жалей, младенца бия: если жезлом накажешь его[62], не умрет, но здоровее будет, ибо ты, казня его тело, душу его избавляешь от смерти. Если дочь у тебя, и на нее направь свою строгость, тем сохранишь ее от телесных бед: не посрамишь лица своего, если в послушании дочери ходят, и не твоя вина, если по глупости нарушит она свое девство, и станет известно знакомым твоим в насмешку, и тогда посрамят тебя перед людьми. Ибо если выдать дочь свою беспорочной — словно великое дело совершишь, в любом обществе будешь гордиться, никогда не страдая из-за нее. Любя же сына своего, учащай ему раны — и потом не нахвалишься им. Наказывай сына своего с юности и порадуешься за него в зрелости его, и среди недоброжелателей сможешь им похвалиться, и позавидуют тебе враги твои. Воспитай детей в запретах и найдешь в них покой и благословение. Понапрасну не смейся, играя с ним[63]: в малом послабишь — в большом пострадаешь скорбя, и в будущем словно занозы вгонишь в душу свою. Так не дай ему воли в юности, но пройдись по ребрам его, пока он растет, и тогда, возмужав, не провинится перед тобой и не станет тебе досадой и болезнью души, и разорением дома, погибелью имущества, и укором соседей, и насмешкой врагов, и пеней властей, и злою досадой.

Если воспитаешь детей своих в страхе Божием в поучении и наставлении, и до возмужания их сохранишь в целомудрии и в чистоте телесной, законным браком их сочетаешь, благословив, и обеспечишь всем, и станут наследниками имения твоего, и дома, и всего твоего прибытка, который имеешь, то упокоят они тебя в твоей старости, а после смерти вечную память отслужат по родителям своим, да и сами благословенны пребудут вовеки, и великую награду получат от Бога в сей жизни и в будущей, если живут они по заповедям господним.

Василия Кесарийского поучение юношам[64]. Следует оберегать душевную чистоту и телесное бесстрастие, имея походку кроткую, голос тихий, слово благочинно, пищу и питье не острые; при старших – молчание, перед мудрейшими-послушание, знатным-повиновение, к равным себе и к младшим – искреннюю любовь; нечестивых, плотских, любострастных людей избегать, поменьше говорить да побольше смекать, не дерзить словами, не засиживаться в беседах, не бесчинствовать смехом, стыдливостью украшаться, с распутными бабами не водиться, опустив очи долу, душу возносить горе, избегать прекословия, не стремиться к высокому сану, и ничего не желать, кроме чести от всех. Если же кто из вас сможет другим помочь, тот и от Господа сподобится награды и вечных благ наслаждения.

22. Как детям почитать и беречь отца и мать и повиноваться им и утешать их во всем[65]

Чада, вслушайтесь в заповеди господни: любите отца своего и мать свою и слушайтесь их, и повинуйтесь им божески во всем, и старость их чтите, и немощь их и страдание всякое от всей души на себя возложите, и благо вам будет, и долголетними пребудете на земле. За то простятся грехи ваши, и Бог вас помилует, и прославят вас Люди, и дом ваш пребудет во веки, и наследуют сыновья сынам вашим, и достигнете старости маститой, в благоденствии дни свои проводя. Если же кто осуждает или оскорбляет своих родителей или клянет их, или ругает, тот перед Богом грешен и проклят людьми и родителем. Кто бьет отца или мать – тот отлучится от церкви и от святынь, пусть умрет он лютою смертью от гражданской казни[66], ибо сказано: «Отцовское проклятье иссушит, а материнское искоренит». Сын или дочь, не послушные отцу или матери, сами себя погубят и не доживут до конца своих дней, если прогневят отца или досадят матери. Себе он кажется праведным перед Богом, но язычника хуже он, сообщник нечестивых, о которых пророк Исайя сказал: «Погибнет нечестивый и пусть не увидит славы господней»"[67]. Он назвал нечестивыми тех, кто обесчестит своих родителей. И еще сказал: «Кто насмехается над отцом и укоряет старость матери, – пусть склюют его вороны и сожрут орлы!»[68]

Воздающие же честь отцу-матери, повинующиеся им во всем по-божески, во всем станут утешением для родителей, и в день печали спасет их Господь Бог, молитву их услышит, и все, что попросят, подаст им благое. Утешающий мать свою творит волю Божию, и угождающий отцу в благости проживет. Вы же, дети, делом и словом угождайте родителям своим во всяком добром замысле, и вас благословят они: отчее благословение дом укрепит, а материнская молитва от напастей избавит. Если же оскудеют разумом в старости отец или мать, не бесчестите их, не укоряйте, и тогда почтут вас и ваши дети. Не забывайте трудов отца-матери, ибо о вас заботились и за вас печалились, упокойте старость их и о них позаботьтесь, как и они о вас некогда. Не говори: «Много сделал добра им и одеждой и пищей и всем, что нужно»,— этим ты еще не избавлен от них, ибо не сможешь и ты их родить и позаботиться так, как они о тебе. Потому-то с трепетом и раболепно служи им, тогда и сами от Бога награду примете и вечную жизнь получите, как исполняющие заповеди Его.

23. Похвала мужьям[69]

Если подарит кому-то Бог жену хорошую – дороже это камня многоценного. Такой жены и при пущей выгоде грех лишиться: наладит мужу своему благополучную жизнь.

Собрав шерсть и лен, все, что нужно, исполнит руками своими, будет словно корабль торговый: отовсюду вбирает в себя все богатства. И встанет средь ночи, и даст пищу дому и дело служанкам. От плодов своих рук преумножит богатство. Препоясав туго чресла свои, руки свои утвердит на дело. И чад своих поучает, как и служанок, и не гаснет светильник ее всю ночь: руки свои простирает на труд, утверждает персты на веретене. Милость свою обращает на убогого, и плоды трудов подает нищим – не беспокоится о доме своем ее муж: самые разные одежды нарядные приготовит и мужу своему, и себе, и детям, и домочадцам своим. И потому, когда муж ее будет в собрании вельмож или воссядет со знакомыми, которые всегда почитают его, он, мудро беседуя, знает, как поступать хорошо, ибо никто без труда не увенчан. Доброй женою блажен и муж, и число дней его жизни удвоится – добрая жена радует мужа своего и наполнит миром лета его: хорошая жена – благая награда тем, кто боится Бога, ибо жена делает мужа своего добродетельней: во-первых, исполнив Божию заповедь, благословлена Богом, а во-вторых, хвалят ее и люди. Жена добрая, трудолюбивая, молчаливая – венец своему мужу, если обрел муж такую жену хорошую-только благо выносит из дома своего. Благословен и муж такой жены, и года свои проживут они в добром мире. За жену хорошую мужу хвала и честь. Добрая жена и по смерти спасает мужа своего, как благочестивая царица Феодора[70].

24. Как рукодельничать всякому человеку и любое дело делать, благословясь

В домашнем хозяйстве и всюду, всякому человеку, хозяину и хозяйке, или сыну и дочери, или слугам, мужчинам и женщинам, и всякому мастеровому человеку, старому и малому, и ученикам любое дело начать и рукодельничать[71]: или еду и питье готовить, или печь что и разные припасы делать и всякое рукоделье и ремесло, и приготовь, очистясь от всякой грязи и руки начисто вымыв, прежде всего – святым образам поклониться трижды в землю, а если болен – только до пояса; а кто может – «Достойно есть» произнести, так, благословясь у старшего, и молитву Исусову проговорит, да, перекрестясь, и молвит: «Господи, благослови, Отче!» – с тем и начать всякое дело, тогда ему Божия милость поспешествует, ангелы незримо помогают, а бесы исчезнут, и дело такое Богу в честь, а душе на пользу.

А есть и пить с благодарностью – будет сладко: что впрок сделано, то мило, делать же с молитвой и с доброй беседой или в молчании, а если во время дела какого раздастся слово праздное и непристойное, или с ропотом, или со смехом, или с кощунством грязные и блудливые речи и песни бесовские да игры,– от такого дела и от такой беседы Божия милость отступит, ангелы отойдут в скорби, и возрадуются бесы, видя, что волю их исполняют безумные христиане. И приступят тут лукавые, влагая в помысл всякую злобу, вражду и ненависть, и подвигнут мысли на блуд и на гнев и на всякое кощунство и сквернословие, и на всякое прочее зло, – и вот уже дело, еда и питье, не спорятся, и каждое ремесло и всякое рукоделие не по-Божии свершается, Богу во гнев, ибо не благословенное людям не нужно, не мило, да и не прочно оно, а еда и питье не вкусны и не сладки, только дьяволу да слугам его[72] и угодно, и радостно. А кто еду и питье и какое еще рукоделье не чисто исполнит, и в ремесле каком что украдет, подмешает, подменит или соврет и притом побожится ложно: не настолько сделано или не в столько стало, а он врет,-так те все дела не угодны Богу, и тогда запишут их бесы, и за это все взыщется с человека в день Страшного Суда. И хозяина обманул, и людям навредил, да и впредь никто ему не поверит. А если что сотворил не по правде или приврал и выклянчил, или выторговал обманом, – не благословен подобный доход, не надежен, и милостыня с него неприятна Богу. От праведных же трудов и от честных доходов и себе надежно, и Богу достойно дать, и такая милостыня Богу приятна, а сам человек Богу угоден и людьми почтен, всякий ему во всем доверяет: и в этом мире добрыми делами Богу он угодит, и в будущей жизни во веки царствует.

25. Наказ мужу и жене, и детям, и слугам о том, как следует им жить

Следует тебе самому, господину, жену и детей, и домочадцев учить не красть, не блудить, не лгать, не клеветать, не завидовать, не обижать, не наушничать, на чужое не посягать, не осуждать, не бражничать, не высмеивать, не помнить зла, ни на кого не гневаться, к старшим быть послушным и покорным, к средним – дружелюбным, к младшим и убогим – приветливым и милостивым. Всякое дело править без волокиты[73] и особенно в оплате не обижать работника, всякую же обиду с благодарностью претерпеть Бога ради: и поношение, и укоризну. Если поделом поносят и укоряют – соглашаться и новых безрассудств избегать, а в ответ не мстить. Если же ни в чем не повинен ты, уже за это от Бога получишь награду. А домочадцев своих учи страху Божию и добродетели всякой, и сам то же делай, и вместе от Бога получите милость. Если же небрежением и твоим нерадением сам или жена, наставленьем твоим обделенная, согрешит или зло сотворит перед Богом, или домочадцы твои, мужчины, женщины, дети твои грех какой совершат, хозяйского наставления не имея: ругань, воровство или блуд и всякое зло сотворят,-все вместе по делам своим примете[74]: зло сотворившие – муку вечную, а хорошо поступишь и ты, и те, кто с тобою – вместе с ними заслужишь вечную жизнь; тебе даже больше награда, ибо не об одном себе старался ты перед Богом, но и всех, кто с тобою, ввел в вечную жизнь.

26. Каких слуг держать при себе и как о них заботиться во всяком их учении и по Божественным заповедям, и в домашней работе[75]

А людей у себя держи дворовых хороших, чтобы знали ремесла, и кто какого достоин, такому ремеслу учи. И не был бы вор[76], ни бражник, ни игрок, ни грабитель, ни разбойник, ни блудник, никакому обману не потворщик. Всякий человек у хорошего хозяина, прежде всего, был бы научен страху Божию, а также и всем добродетелям, вежеству, смирению, доброй заботе и домашней работе. Не крал бы, не лгал, ко всем добродетелям относился бы со смирением и в поучении господина своего, по заповеди апостола Павла, который писал к Тимофею: «Рабы, под игом находящиеся, должны почитать господ своих достойными всякой чести[77], дабы не было хулы на имя Божие и учение. Те же, которые имеют господами верующих, не должны обращаться с ними небрежно, ибо братья они; и тем более должны служить им, что верные они и возлюбленные и благодетельствуют им»[78]. Этому, господине, и сам следуй, и от слуг своих требуй такими быть — и наказанием и страхом великим. И опять тот же апостол к Титу писал, что должны рабы «своим господам повиноваться, угождать им во всем, не прекословить, не красть, но оказывать всю добрую верность, дабы они во всем были украшением учению Спасителя нашего Бога».

И сыт бы он был, одет пожалованием твоим или своим ремеслом. А чем ты его пожалуешь: платьем ли или лошадью и какою скотинкою, или пашенкой, или торговлей какою по его прибытку, или сам что приобретет своими трудами, тем бы доволен был и впредь бы старался. А лучшее платье, верхнее и нижнее, и рубашку, и сапоги носил бы по праздникам и при добрых людях, да в хорошую погоду, а всегда бы было оно у него не измято, не загрязнено и не облито, и от всякой порухи сохранено. А какой у тебя человек за тем не следит, и в твоем подарке неладно ходит, и хранить не умеет, так ты б своему приказчику повелел у таких нерадивых людей одежду снимать, какая получше, да при себе сберегать, и на время давать им, и снова сняв, у себя же хранить.

Всем дворовым людям своим наказывай чаще, чтобы работали в старой одежде, или и в новой, но для работы выданной. А в праздники или при добрых людях, когда у тебя случаются, или тебе самому куда выйти, была бы на людях твоих одежда хорошая, и берегли бы ее от грязи и от дождя, и от всякой порухи. А воротясь и сняв платьице, высушить да вытряхнуть и вытереть и уложить хорошенько, куда положено,— так и тебе мило, и от людей честь, и слугам твоим полезна такая забота об одежде, да и она всегда как новая. А люди бы у тебя пребывали в уважении и в страхе, и всегда под присмотром, меж собою бы не воровали, на чужое никогда не льстились ни в каком виде, а твое бы хранили все заодно. А тебе бы не лгали, не клеветали ни на кого ни в чем, да и ты бы им в том не потакал, и расследовал прямо с глазу на глаз; дурному не попускай, но милосердно наказывай, иначе и прочие станут дерзать на злое; доброго же пожалуй – и все добру поревнуют, каждый жалованье твое захочет выслужить правдой и верной службой, а твоим приказом и доброй наукой век проживет в добре, без твоей опалы и душу спасет. И господину услужит, и Богу угодит.

Но тверже всего тебе самому, господину, указывать людям своим, кому надлежит в *церковь* Божию ходить всегда, или по праздникам только, или в доме молебны слушать или наедине молиться, чистоту телесную хранить от всякого блуда и пьянства, коварства и чревоугодия, от неурочных питья и еды, от обжорства и пьянства воздерживаться, да иметь бы им вместе с женами общих духовных отцов, к кому на исповедь ходят. Холостых же парней и девок, вошедших в возраст, жени, ибо, согласно апостолу: «честен брак и ложе нескверно, прелюбодеев же судит Бог»[79]. Какие же из холостых блуд творят твоим небрежением или тайком от тебя, тебе о том распытать с пристрастием, чтобы никогда у тебя таковых не бывало дел. Если же нерадив ты в этом: слуг держишь, а заботы о душах их не имеешь, и только поручаешь им дела, так или иначе служить тебе, еду и одежду и всякую службу справлять, – тебе самому за души их отвечать в день Божиего суда, согласно слову апостола, сказавшего в послании своем: «Не брашен ради, не пития разоряй дела Божии». И вот что такое «дела Божии»: презирать плотское, заботиться о душе, сущности бессмертной. Как сказал апостол: «Имея пропитание и одежду, будем довольны тем»[80].

Женатые же слуги со своими женами законно бы жили по наказу духовного отца, на стороне от жен своих не блудили, а жены – от мужей. И по твоему наказу, и отца духовного поучению, так же и они учили бы жен своих страху Божию, вежеству и смирению, чтобы слушались госпожи, повиновались во всем ей, трудами своими да ремеслом заслуживали награду, а не крали бы и не врали, не бражничали и не блудили, и не слушали баб, какие ко греху склоняют молоденьких женщин – то есть тех, которые сводят их с чужими мужчинами, да сверх того учат их красть и блудить и прочим порокам. Слышал о многих я женках и девках, бабами сводницами подстрекаемых[81], которые, хозяина обокрав и хозяйку, со многим добром убегают с чужими мужиками; когда мужик заберет у нее все, с чем сбежала, ее убьет или в воду бросит: себя погубит, а добро твое пропадет. Если же не веришь ты рассказам об этих бабах, вот что скажу. Если вдруг в твой дом придет незнакомый мужик [...] или так: женка или девка пойдут по воду или белье полоскать и станут говорить с мужиком там – то будь он даже и знакомый мужик – стыдно с ним и переглядываться: ведь говорит с мужиком, а не с мужем своим. А бабе, той всегда найдется минутка о всяком деле с девками перемолвиться. Прикинется она торговкой и придя станет расспрашивать их, нужно ли вам то или это, иль госпоже вашей? И девки у нее порасспросят, есть ли то-то-и ответит она: «есть». А они ей: «Дай нам, мы госпоже покажем». Станет она отнекиваться: дала, мол, той или этой женщине доброй, того да этого, да такого почтенного человека по имени еще назовет, а сама-то врет! «Я, де, пойду к ней, у нее возьму и вам принесу». И девки запричитают ей: «Принеси нам еще до обеда или к вечерне». Баба же проворчит: «У-у, потаскунки[82], знаю я, как к вам идти-все вы хозяина боитесь!» И уйдет от них, и не приходит к ним день или два, а через день-другой уже не во двор к ним идет, а подстерегает у речки, когда отправятся те по воду или белье стирать. И пройдет эта баба как бы мимо, а они заметят ее и покличут, и скажут ей: «Эй, почему у нас не была, не принесла того, что принести хотела?» И удивится этому баба, да еще и очень, и молвит: «Ох, и вчера, да и третьеводни была я у той-де да у этой жены доброй (и имя мужа ее назовет), а у них был пир, так она, моя кормилица, не отпустила меня, и ночевала я у нее, с ее служками, вот оттого и не смогла прийти; да меня ведь многие жены добрые жалуют». Они и скажут ей: «Принеси ж нам"-да еще и с просьбой нижайшей.

Да нет, ничего не плету я, в подобных делах те бабы и сходятся с женками или с девками служанками. И начнет та баба, с какой познакомились, беспрестанно стоять с ними, встретившись у реки, и болтать. Если хозяин увидит, что девки стоят не с мужчиной, а с женщиной, то успокоится, но потом ведь станет она и во двор заходить, сведут ее служки и с хозяйкой своею. Горе мне! все соблазняемся мы общим нашим врагом-дьяволом, нашим же оружием нас побеждает он. Дерзну и то сказать: блаженная Феодора Александрийская не женщиной ли прельщена, ложе мужа своего не сохранила[83] и лишь покаянием и страданием многим сподобилась Божиего прощения? О прочем же и умолчим, о том непристойно и слушать. Так имеющий уши слышать да слышит и постигает смысл прикровенных слов[84]! Но вернемся опять к тем же слугам.

И с глупыми речами к госпоже не ходили бы, и с волхвами, что промышляют кореньем и зельем, отнюдь бы не знались, и господам про таких людей не сказывали б, ибо бесовские это все слуги. Служили бы господам своим верой и правдой, добрыми делами и трудами своими, а господин бы и госпожа людей своих жаловали и кормили, поили, и одевали, в тепле бы держали и в покое, всегда в достатке. Если станут жить в таких правилах, какие тут записаны,— господин и госпожа душу свою спасут, дом свой устроят, и слуг своих также – в душевном и телесном покое, без всяких бед.

Также следует хозяину и хозяйке заботиться и о нищих, о странниках, убогих, вдовицах и сиротах, подобает их окружить заботами, удовлетворяя их нужды, душевные и телесные, от праведных своих трудов: в душевные вникай, телесные же рассмотри. Так же и в церкви Божии (и церковникам), и в монастыри, и в темницы приноси или посылай милостыню свою по силе своей возможности. Если же нет ничего, так ты хоть слово скажи утешное, а коли и этого нет, так сам не озлобись, не опечалься своей нищетою – тем, что не можешь ничего подать,– но припомни господне слово: «Кому много дано, еще больше с него и спросится»[85], то есть больше, чем много; а кому дано мало, еще меньше с него и спросится, то есть меньше, чем малая чаша воды или слово утешное: ибо «малейшее» – дальше некуда.

Но также и в дом к себе приглашай, это и Богу приятно, и душе полезно; вот только ничего б не входило в дом твой ни насилием, ни грабежом, ни воровством, ни какой-то корыстью, ни наветом, ни неправедным судом, ни корчемным доходом. Если от этих бед сбережешься, будет дом твой благословен отныне и вовеки.

А хозяин и хозяйка с чадами своими и со слугами своими дворовыми, мужчинами и женщинами, старыми и молодыми, каждый год на Великий пост к отцам духовным на исповедь бы приходили, а достойные того и святых даров причащались; если же будут не по разу в год, то и большую награду от Бога получат. А отцы бы духовные господина и слуг его при том поучали, и господин о своей душе и о душах слуг своих при этом тем более бы озаботился: слуге за душу свою церкви дать нечего, так за них господину бы дать, а также и все, им нужное, кроме вредного дела. И в течение всего года: в воскресенье и в среду, и в пятницу, и в праздники господни и во все святые посты хранили бы чистоту телесную и пребывали во всех добродетелях, воздерживаясь от пьянства, и в Божии церкви ходили бы с подношением во здравие и за упокой, ко всяким святыням прикладывались по вере и по совету отца духовного. А все остальное о том же написано в главе 38 и 32.

27. Если муж сам не учит добру, то накажет его Бог, если же и сам творит добро, и жену и домочадцев тому учит – примет от Бога милость

Если муж сам того не делает, что в этой книге писано, и жены не учит, и слуг своих, и дом свой не по-божески ведет, и о своей душе не радеет, и людей своих правилам этим не учит,– и сам себя погубит в этой жизни и в будущей и дом свой, и всех остальных с собою. Если же добрый муж радеет о своем спасении и жену и чад своих наставляет, как и слуг своих, всякому страху Божию учит и достойной христианина жизни, как здесь написано, то он со всеми вместе во благоденствии и по-божески жизнь свою проживет и милости Божией удостоится.

28. О неправедной жизни

А кто живет не по-божески, не по-христиански, страха Божия не имеет и отческого предания не хранит, и о церкви Божией не радеет, и Святого Писания не требует, и отца духовного не слушает, совету добрых людей и наставлениям не вникает по-божески, чинит неправды всякие и насилие, и чрезмерную наносит обиду и, в долг взяв, его не вернет, истомит волокитой, а незнатного человека во всем изобидит; и если кто по-соседски не отзывчив, или в селе на своих крестьян, или в приказе сидя, на людей, в силу власти своей накладывает тяжкие дани и всякие незаконные налоги, или чужую ниву распашет, или лес посек и землю перепахал, луг скосил, и рыбную ловлю присвоил, и борти, и перевеси, и места охоты, и другие угодья неправдами и насилием заберет или ограбит и выкрадет, нападет по дороге и на стоянке ограбит, и побьет, и опозорит, опустошит луга и пашню вытопчет, и всячески изобидит; или кого оболжет в чем и что-то подкинет, оклевещет и с поличным придет, или насильно в рабство продаст, безвинно хитростью и понуждением похолопив; или неправедно судит и неверно расследует дело, или лжесвидетельствует, кающихся не прощая; или лошадь и иную скотинку и любое добро: сады и села, варницы и мельницы, амбары и лавки, дворы и другие угодья силой отнимет, а не то так и по дешевке вопреки согласию купит или сутяжничеством отберет, или корчемным доходом и иным хитроумьем или процентами в деньгах и натуре, и от прочих неправедных поборов разбогатеет; или многие непотребные дела совершит: блуд и распутство, и сквернословие, и срамные речи, клятвопреступление, гнев и ярость и злопамятство, с женщиной живет не в законе или на стороне блудит, в содомский впадает грех или держит корчму, ест и пьет безудержно, до обжорства и опьянения, праздников и поста не соблюдает, всегда пребывает в разгуле; или колдовством занимается и волхвует и зелье варит; или на охоту ходит с собаками и птицами и с медведями; и творит все, угодное дьяволу, скоморохов с их ремеслом, пляски и игры, песни бесовские любит, и костями, и шахматами увлекается,— так вот, если сам господин и дети его и слуги его, и его домочадцы все такое творят, а господин им в том не препятствует и не спасает их души, уклонивимся не помогая,— прямиком все вместе в ад попадут, да и здесь уже прокляты всеми. Во всех тех запретных делах не помилует Бог, люди же проклянут, а обиженные вопиют к Богу: и своей душе погибель, и дому разорение. Проклято все такое добро, нет на нем благословения: одеваться, есть или пить все, что добыто и получено не по-божески, но бесовски – да низвергаются в ад все живые души поступающих так. От подобного изобилия, от плодов таковых неугодна Богу и милостыня – ни при жизни, ни после смерти. Если хотите вы избегнуть вечной муки, верните неправедно нажитое ограбленным, впредь обещая не поступать так с ними, ибо сказано: «Скор Господь на милость свою[86]: истинно кающихся принимает и даже в великих грехах прощает».

29. О праведном житии

А если кто по-божески живет по заповедям господним, по отеческому преданию и по христианскому закону, то есть если владыка судит справедливо и нелицемерно и одинаково всех, богатого и бедного, ближнего и дальнего, известного и неизвестного,— такие, конечно, будут вознаграждены за свои справедливые решения. И слугам своим пусть велит поступать точно так же.

Если же в селах иль в городах кто хорош по-соседски, тот у христиан, у властей и в приказе, справедливых решений в нужное время добьется не силой, не грабежом, не пыткой. Если же не уродилось что и расплатиться нечем, так он не торопит. А не то так и у соседа или иного христианина не хватило зерна — на семена ли, на пищу, да лошади или коровы нет, или налога в казну уплатить нечем,— так нужно помочь ему и ссудить, а мало у самого, так у людей подзанять, но другому по просьбе дать. И помогать им от всей души, от всяких обидчиков оберегая по правде их. Самому господину, и слугам его ни дома, ни на селе, ни на службе, ни в жалованье — ни в каких делах и отнюдь не обделять никого ни в чем: ни пашней, ни землей, ни домашним каким припасом, ни скотиной неправедного стяжания избегая.

Благословенным трудом и средствами праведными жить подобает всякому человеку. И видя добрые ваши дела и милосердие и любовь сердечную ко всем и таковую праведность, обратит на вас Бог свои милости и преумножит урожай плодам и всякое изобилие. Вот такая – от праведных трудов и благих плодов – милостыня приятна Богу, и молитву их Бог услышит, и грехи отпустит, и вечной жизнью наградит.

Люди торговые и мастеровые, и земледельцы тоже пусть праведным только и благословенным торгуют, и производят, и пашут – без покражи, разбоя и грабежа, без поклепов и лжи, клеветы и обманов; пусть торгуют и промышляют нажитым праведными трудами, не ростовщичеством, но благодаря приплоду, труду и всякому урожаю, исполняют дела свои добрые по христианскому закону и по заповедям господним: угодит в сем мире – вечную жизнь заслужит.

30. Как жить человеку по средствам своим

А в повседневном своем хозяйстве: и в лавке, и во всяком товаре, и в кладовой, и в комнатах, и во всяком дворовом припасе или деревенском, и в ремесле, и в приходе-расходе, в займах-долгах,— все заранее распределить, а потом уж и жить, хозяйство ведя согласно приходу и расходу.

31. Кто живет нерасчетливо

Всякому человеку, богатому и бедному, великому и малому, разубраться в своем хозяйстве, распределив по добытку и промыслу, и по своему достатку.

Служивому человеку жить, все разметив себе в соответствии с государевым жалованием, по доходу и по поместью или по вотчине, и уж такой себе дом держать и все хозяйство с припасами. По тому расчету – и слуг держать, и уклад, по промыслу и по доходу глядя, по нему и есть и пить и одеваться, и государю служить, и слуг содержать, и с добрыми людьми общаться.

Если же кто, не оценив себя и не рассчитав добра своего, ремесла и прибыли, или государева жалованья и добытка законного, начнет, на людей глядя, жить не по средствам, занимая или беря незаконным путем, то честь его обернется великим бесчестием со стыдом и позором, а в лихое время никто ему не поможет: от безрассудства своего пострадает, да и от Бога грех, а от людей насмешка. Надобно каждому человеку избегать тщеславия и гордыни и неправдою нажитого имущества, жить по силе своей и возможности, и по расчету, и по средствам, добытым законным путем. Только такое житье и благоприятно, и Богу угодно, и похвально среди людей, а себе и детям своим надежно.

32. Кто без присмотра содержит слуг

Если же держат людей у себя не по средствам, не по достатку, а потому и не могут удовлетворить их едой и питьем и одеждой, или таких, что ремесла не знают и пропитаться сами не могут, — придется слугам таким, мужику или женке, или девке, поневоле, горная красть, и лгать, и блудить, а мужикам еще грабить и красть, и в корчме выпивать, и всякое зло чинить, — таким неразумным господину и госпоже от Бога грех, от людей насмешка, и житье без соседей, от судей же пеня, разорение дому, да и сам обнищает за скудость ума. А все потому, что каждому человеку следует слуг держать по добытку-доходу, столько, сколько можно их прокормить и одеть и во всем остальном удоволить их, да в страхе Божием и в поучений добром всех их держать. И если таких людей ты при себе имеешь, то и сам от Бога получишь благословение, и эти души спасешь. А не по силам тебе людей содержать, не продавай их в рабство, но отпусти на волю и, насколько можно, надели их: от Бога награда, а душе польза.

33. Как мужу воспитывать свою жену в том, чтобы сумела и Богу угодить и к мужу своему приноровиться. Чтобы могла дом свой лучше устроить. И всякий домашний обиход и рукоделье всякое знать, и слуг учить и самой трудиться

Следует мужьям воспитывать жен своих с любовью примерным наставлением: жены мужей своих вопрошают о всяком порядке, о том, как душу спасти. Богу и мужу угодить и дом свой подобру устроить, и во всем покоряться мужу; а что муж накажет, с любовью и страхом внимать и исполнять по его наставлению и согласно тому, что здесь писано.

И прежде всего — иметь страх Божий и пребывать в телесной чистоте, как выше уже указано было. Поднявшись с постели, умывшись и помолясь, слугам работу на весь день указать, каждому — свое: кому еду на день готовить, а кому хлебы печь ситные или решетные, — да и сама бы хозяйка знала, как сеять муку, как квашню затворить-замесить, и хлебы скатать да испечь, и кислые, и пышные, и выпечные, а также калачи и пироги; да знала бы, сколько при том муки возьмут, и сколько испекут, и сколько чего получится из четверти, из осьмины, из целого решета и сколько высевков отойдет, и сколько чего испекут, — меру и счет знать во всем.

А еду мясную и рыбную, и всякие пироги и блины, различные каши и кисели, любые блюда печь и варить,– все бы сама хозяйка умела, чтобы и слуг научить смогла тому, что знает.

Когда же хлебы пекут, тогда и одежду стирают: так в общей работе и дровам не убыточно; но нужно при том приглядывать, как стирают нарядные рубашки и лучшую одежду, и сколько мыла идет и золы, и на сколько рубашек каждого, да хорошо бы выстирать, прокипятить и начисто выполоскать и высушить, и выкатать скатерти и убрусы, платки и полотенца также; и всему тому счет знать самой, и отдать и взять все сполна, и бело и чисто, а ветхое залатать осторожно, все сгодится – нищим отдать.

А когда пекут хлебы, того же теста велеть отложить да пироги сделать; и если пшеничный пекут, то из обсевков велеть пирогов наделать, в скоромные дни со скоромной начинкой, какая случится, а в постные дни с кашей или с горохом, или с вареньем, или с репой, или с грибами, и с рыжиками, и с капустой, или с чем Бог подаст, – всё семье в утешенье. И всякую бы еду, и мясную, и рыбную, и всякое блюдо, скоромное или постное, сама бы хозяйка знала да умела и сготовить, и слуг научить: такие хозяйки – домовитые да умелые.

И знала бы также, как делать пивной и медовый, и винный, и бражный, и квасной, и уксусный, и кислощенный, и всякий припас поварской и хлебный, и в чем что готовить и сколько из чего получится.

Если все это хорошая хозяйка знает по строгости и наставлениям мужа, а также по своим способностям, то все будет споро и всего будет вдоволь.

А которая женка или девка рукодельна, так той указать дело: рубашку сшить или вышить убрус да выткать, или шить на пяльцах золотом и шелками – какую из них чему научили, да и это все и доглядеть, и заметить.

И каждой бы мастерице сама хозяйка отвесила и отмерила пряжи и шелка, злотой и серебряной ткани, и тафты и камчи, и рассчитать, и указать, сколько чего надобно и сколько чего дать, и выкроить и примерить – самой знать всякое рукоделие. Малых же девок учить, какая к чему пригодна, а замужним женкам, которые черную работу делают, избу топят и хлебы пекут, и белье стирают,-тем дают лен прясть, на себя да на мужа и на детей. Одинокая женка и девка на хозяина лен прядет, а очески льна – на себя, или как придется. Да ведала бы всем хозяйка сама, которой из них какое дать дело, сколько дать чего и сколько чего взять, и сколько чего кто сделает за день, много ли мало, и сколько из чего получится,– все бы знала сама, и было бы все у нее на счету.

Да и сама хозяйка ни в коем случае и никогда, разве что занедужит или по просьбе мужа, без дела бы не сидела, так что и слугам, на нее глядя, повадно было трудиться. Муж ли придет, простая ли гостья – всегда б и сама за делом сидела: за то ей честь и слава, а мужу хвала. И никогда бы слуги не будили хозяйку, но сама хозяйка будила бы слуг и, спать ложась после всех трудов, всегда бы молилась, тому же уча и слуг.

34. О мастерицах хороших женах, о запасливости их и о том, что кроить, как сохранять остатки и обрезки

А хорошая жена домовитая понятливостью своей и похвальным к труду стремлением и мужним наказом вместе со слугами холстов и полотен и тканей наготовит на все, что нужно: то окрашено на летники и на кафтаны, на сарафаны и на терлики, и на шубы накидки, а иное у нее для носки домашней перекроено и перешито. Если же сделают больше потребного – полотен, холстов и тканей, скатертей, полотенец, простыней или иного чего,– то и продаст, а взамен что нужно, то купит, а потому и у мужа денег не просит. А рубашки нарядные мужские и женские, и штаны,– все то самой кроить или велеть при себе кроить, а все остатки и обрезки, камчатые и тафтяные, дорогие и дешевые, золотное и шелковое, белое и крашеное, пух, оторочки и спорки, и новое и ветхое,– все было бы прибрано: мелкое в мешочки, а остатки скручены и связаны, и все по размеру разобрано и припрятано. И как потребуется сшить из старого что-нибудь, или нового не хватило,– так все то и есть в запасе, и на рынке того не ищешь: дал Бог, у доброго разума, у заботливой хозяйки все и дома нашлось.

35. Как кроить различную одежду и хранить остатки и обрезки

Если случится в домашнем хозяйстве какую одежду кроить, себе и жене или детям да слугам: камчатое или тафтяное, шерстяное или златотканое, хлопчатое крашенинное или суконное, армячное или сермяжное, или шубу, или кафтан, или терлик, или однорядку, или кортель, или летник и каптур, или шапку, или нагавицы, или какое иное платье; или кожи придется кроить-на саадак, на седло, на шлею, на сумы, на сапоги,– так сам господин или госпожа смотрят и подбирают товар; остатки же и обрезки всякие хранят, остатки эти и обрезки различные ко всему пригодятся в домашнем деле: заплату наставить на обветшавшей одежде, или новую удлинить, или какую из них починить, вот тогда остаток или обрезок и выручит, на рынке ведь устанешь, подбирая по цвету и виду, да втридорога и купишь, а иногда и не сыщешь. Если же придется какую одежду кроить для молодых, сыну или дочери, или молодой невестке, какая одежда ни будет, мужская и женская, любая хорошая, то, кроя, загибать нужно по два вершка и по три на подоле и по краям, возле швов и по рукавам; а как вырастет он года через два или три, или четыре, то, распоров такую одежду, загнутое выправить и снова впору будет одежда лет на пять или шесть. А какая одежда не на каждый день, кроить ее так же.

36. Как сохранять порядок домашний и что делать, если придется у людей чего попросить или людям свое дать

А для любого рукоделья и у мужа и у жены всякое бы орудие в порядке на подворье было: и плотницкое, и портновское, и кузнечное, и сапожное; и у жены для всякого ее рукоделья и домашнего обихода всегда бы порядок был свой, и хранилось бы все то бережно, где что нужно, ибо если придется что делать – никто ничего не слыхал: в чужой двор не идешь ни за чем, все свое – без лишнего слова.

Да поварские принадлежности, хлебопекарные и пивоваренные все бы были у себя сполна: и медное, и оловянное, и железное, и деревянное,– какое найдется. Если же и придется у кого в долг взять или свое дать: женскую одежду, бусы или мониста, или свое дать: одежду мужскую, сосуд серебряный, медный, оловянный или деревянный, или какое платье, и какой-то запас,-так все пересмотреть, и новое все и ветхое: где измято или побито, или дыряво, а одежда измазана ли и продралась, и какой-то в чем-нибудь непорядок или что не цело,– и все то сосчитать, и заметить, и записать, и тому, кто берет, и тому, кто дает – обоим то было бы ведомо.

И что можно взвесить – то взвесить, и всякой ссуде определить бы цену: по нашим грехам какой непорядок случится, так с обеих сторон ни хлопот, ни раздоров нет,– и тому уплатить, у которого взято. А всякую ссуду и брать и давать честно, хранить крепче, чем свое и в срок возвратить, чтобы сами хозяева о том не просили и за вещами не посылали: тогда и еще дадут, да и дружба навек.

А если чужого не беречь, или в срок не вернуть, или отдать испортив, в том обида на век и убыток в том и пени бывают, да и впредь никто и ни в чем не поверит.

37. Как хозяйке следует повседневно приглядывать за слугами в домашнем обиходе и рукоделии, а самой ей все хранить и приумножать

Каждый день госпожа приглядывает за слугами, которые пекут и варят и готовят блюда и которые делают всякое рукоделие; а которая служка хорошо все делает и по наказу: или есть готовит, или хлебы печет и калачи с пирогами, или блюда какие готовит или работу какую хорошо исполнит,– и за то похвалить служку да пожаловать, и есть подать, по службе смотря: заботиться, как писано выше, господину о дворовых людях. Если же кто из них плохо, не по наказу делает, не слушается или ленится или испортит что, или нечисто стряпает да крадет,– также по прежде писанному наставлению проучить, как слугам от господина положено; выше писано наставление о том, как кого пожаловать или наказать или проучить.

А в горнице, и в комнате, и в сенях, и на крыльце всегда было бы чисто, с утра и допоздна, а стол и посуду всякую всегда мыть чисто, и скатерть – чиста. А сама хозяйка всегда была бы опрятна и одета, как нужно, и слуги ее были бы вежливы, как написано прежде. Да со слугами госпожа бы пустошных речей пересмешных, срамных да нелепых, никогда не говорила, и к ней никогда не ходили бы ни торговки, ни бездельные женки, ни сводни, ни волхвы, поскольку от всех них много бед происходит и слугам потворство. Если же станут в какой двор подобные люди похаживать, а хозяйка от них своих слуг не отваживает, да еще и сама привечает, те сделают слуг сперва вороватыми, а потом – и блудливыми. А уж если сама хозяйка целомудрия не сохранит и не выгонит всех их вместе, – беда и самой ей, как сказано выше. Теперь же оставим это и дальше пойдем[87].

Одежду же каждодневную нужно развесить по полкам, а все прочее – в сундуках да в коробьях: убрусы, рубашки и простыни-все было бы хорошо и чисто, и бело, завернуто и уложено, не перемято и не замарано. А бусы и мониста, и выходное платье всегда было бы в сундуках и в коробьях под замком, за печатью, а ключи бы хозяйка держала в малом ларце, и ведала всем бы сама.

38. Как слуг наставлять, посылая их на люди с чем-то, им велеть не болтать лишнего

Слугам своим накажи не осуждать тех людей, у которых они были на людях, и что нехорошее видели – и о том бы дома не сказывали. И о том, что случается дома, тоже бы людям не сказывали: с чем послан, о том и помни, а станут о чем ином спрашивать, не отвечай и не знай, и не ведай того. Отделавшись поскорей, о том хозяину перескажи, с чем послан, а чужих вестей не касайся, тогда и меж господами не будет ни ссор, ни раздора. Недостойные речи и обманные, и всякое дело дурное и словцо, все, что слышал и видел,– этого никогда б не касаться. Самому хозяину и хозяйке, чей служка вернется, также у него ни о чем не выспрашивать, а с чем послан, тем дело и кончить, да побыстрей отпустить. А станет что сказывать служка чужой, так того и не слушать, да еще и выбранить: «С чем ты прислан, о том и помни, а прочего у тебя не спрашиваем!» За то доброму мужу и жене хвала, что у них такие воспитанные слуги.

Если пошлешь куда сына или слугу, и что накажешь сделать, передать, или что купить, или предпринять что, переспроси его, что ты ему наказал и что ему говорить и сделать, или купить, и если точно по твоему наказу все тебе повторит, тогда хорошо, тогда и пошли его. А пошлешь со слугою к кому яства или питье, или что-нибудь, или какую ссуду, то, с дороги вернув, спроси его:

«Так куда несешь?» Коли ответит так, как наказано, то хорошо. посылай же яства целыми, а питье полным, тогда не сумеет слуга обмануть. А товар посылай, пересчитав и смерив, а деньги — сосчитав, и все, что можно взвесить — свесив, и лучше всего запечатав,— тогда безопасно. Да наставлять слугу в том, что делать с присланным, если хозяина дома нет — отдать ли или домой вернуть. И если во всех тех делах хозяин или хозяйка не догадаются сына или слугу вернуть да еще раз спросить, куда и с чем посланы и что им наказано, то умный сын и опытный слуга сами вернутся, да вежливо шапку сняв, у господина или госпожи разрешения испросив, все повторят, что приказано,— и если так, то хорошо.

Там же, куда пошлют слугу к добрым людям, у ворот слегка постучаться, и когда идешь по двору да спросят, по какому делу идешь, лучше того не сказывать, а отвечать: «Не к тебе я послан; к кому я послан, с тем о том и говорить». И к тому добавить, от кого идешь, а они уж хозяину скажут.

У сеней же иль у избы, у кельи[88]. ноги грязные отереть, нос высморкать да и прокашляться, да быстро молитву сотворить, а коли аминя не отдадут — то и в другой и в третий раз сотворить молитву, но поболее первой, и если ответа опять не дадут[89]. , то легонько постучаться и, как впустят, войдя, святым иконам поклониться, бить челом от хозяина и посланное передать, и вот тогда уж пальцем в носу не ковырять, не кашлять, не сморкаться, не харкать, не плевать, а если уж приспичит, так, в сторону отойдя, там и оправиться тихонько. А стоять, по сторонам не оглядываясь, да что приказано, то исполнить, а об ином ни о чем не беседовать, да поскорее вернуться домой, и ответ, с каким послан, передать господину. А придется быть у кого в подворье или в келье, с господином или без господина, никакие вещи не разглядывать, не перекладывать с места на место без разрешения и ничего не вынести без дозволения, с собой прихватив. Яства же и пития не пробовать также, чего не ведено: то святотатство и чревоугодие. Если же кто на это дерзнет без благословения, без разрешения, ему ни в чем уже не поверят и одного его никуда не пошлют, ибо в Евангелии сказано: «В малом был верен, над многими тебя поставлю»[90].

Если же послано что-то с тобою куда-то накрытым или увязанным, или завернутым или запечатанным – не трогай того, не разглядывай, яства и питья, что посланы, тоже не пробуй: как послано, так и снести, лишь осмотреть дома, когда выдают – цело ли все и посылают полным ли, чтобы не было недоверия там, куда это несут.

А умный сын или слуга, женка и девка, хотя и слышат ссоры и брань и дурные речи там, куда посланы – и в людях и в доме своем,– пусть того не разносят, а только что ведено, пусть то и правят. Кто же больше разумен, тот даже слыша брань – выкажет мир, а где видит ссоры – к согласию призовет, где же клянут и лаются – явит он похвалу и милость. Да от таких-то умных, учтивых и благоразумных слуг и согласие возрастает средь добрых людей и мир вечный, умных слуг таких берегут и жалуют, словно детей своих, советуясь с ними во всем.

Из Патерика[91]. Припомни мудрого ученика, у некоего старца в скиту живущего: когда отшельнику одному дал тот на время келью передохнуть, напала на старца злобная зависть и послал он ученика своего обругать сидящего в келье и выгнать из нее. Мудрый же ученик приходил к страннику, передавая вместо вражды от старца мир и благословение: но в конце концов по внушению бесов сам старец отправился, думая, странника поколотив, выгнать его из кельи. Добрый же ученик вперед побежал перед старцем и передал от него страннику мир и благословение и возвестил скорое посещение старца. И странник тотчас вышел навстречу великому старцу и кланялся до земли – и вот растрогался старец и осудил себя, и наступило меж ними согласие, и благодарили оба они ученика.

Если же раб и рабыня – неученые и тупые, то куда их пошлют, и там не почтут их и испить не дадут, так они уж на своем подворье расскажут все гадости и о муже, и о жене. Так что там, где лукавые люди живут, такого глупого слугу они чуть подпоят, на откровенность вызовут и порасспрашивают о хозяине и хозяйке, а этот дурак выболтает и то, что неприлично сказать, да еще и приврет лишнего. Стоит лишь хозяину и хозяйке его обидеть чуть-чуть, так он на них в людях все непотребное выльет. Вот от таких-то глупых слуг всякие ссоры и возникают, и насмешки, и укоры, и срамота. Потому-то рассудительным мужьям и женам следует поучать и детей своих, и слуг, рабов и рабынь,– всякому страху Божию и вежеству, как уже сказано было выше.

А узнать слугу – глуп ли он – просто: только вернулся домой – тут же все и выбалтывает: ясно. что и на людях о домашнем все так же выкладывает. А если еще и хозяин с хозяйкой любят расспрашивать слуг своих о сплетнях и поклепах, о судаченьи и насмешках – всякую ложь, тот хозяин и хозяйка и сами себе, и дому своему и детям, и слугам враги, склонны они ко всяким обманам и злопыхательству и всяческой лжи и всякой ссоре, и уж в таких-то они страданиях за скудость ума своего погибают![92]. Любая добродетель, любое согласие в подобных ссорах враждой разрушается и ненавистью бескрайней души и тела; от Бога сурово они пострадают в сем мире и в будущем.

Умный же и рассудительный хозяин и хозяйка сами того не любят и не допустят оговоров и насмешек и укоризн, клеветы и лжи. Никаких обманных речей о других они не передают, не осуждают других и ничего о других не слушают, не насмешничают. Если же кто-то, их самих осуждая, укоряет, насмехается и злословит заочно, а то и прямо в лицо, или если кто скажет о них какие непотребные речи, то мудрым своим разумом все это они обдумают. И если осуждение справедливо, они избегают поступков таких и благодарят за то, что поделом осудили их, укоряя. Если же несправедливо их укоряют или им досаждают,– претерпим и с благодарностью примем и то, согласно апостолу: блаженны, если попреки претерпим и не ответим за это враждою; и любовь к таковым сохраняем, согласно апостолу Павлу, который в поучении говорит: «Если недруг твой голоден, накорми его; если жаждет, напои его, не будь побежден злом, но побеждай всегда добром; ибо, так поступая, угли горящие собираешь ему на голову»[93]. И слуг своих так же поучай.

Если видишь согрешение брата и не скажешь, не обличишь его в этом наедине, потом насмешкой и укором вернется это, и будешь подобен ты язычнику и мытарю, а такому греху сам станешь причастен. Но если уведаешь грехопадение брата своего, и всякое непотребное дело доподлинно, о нем наедине и втайне скажешь ему спокойно и – если выслушает тебя и бросит Непотребное это дело, – спас ты душу брата своего, от Бога получишь награду. Если же не прислушается к слову твиему да еще и обернет в неприязнь, свободен ты от того греха, он сам за себя даст ответ перед Богом. И Бог, видя добрые ваши дела и мудрое пред ним смирение, разумное наставление и Бога ради терпение, подаст вам великую свою милость, прощение грехов и жизнь вечную. Писано о том же и в главе 26 и 32.

39. Как жене с мужем советоваться каждый день и обо всем спрашивать: и как в гости ходить, и к себе приглашать, и с гостьями о чем беседовать

Да всякий бы день у мужа жена спрашивала да советовалась обо всем хозяйстве, припоминая, что нужно. А в гости ходить и к себе приглашать и пересылаться только с кем разрешит муж. А коли гости зайдут, или сама где будет, сесть за столом – лучшее платье одеть, да всегда беречься жене хмельного: пьяный муж – дурно, а жена пьяна и в миру не пригожа. С гостьями же беседовать о рукодельи и о домашнем порядке, как хозяйство вести и какими делами заниматься; а чего не знаешь, о том у добрых жен спрашивать вежливо и учтиво, и, кто что укажет, на том низко бить челом. А не то у себя на подворье от какой-нибудь гостьи услышит полезный рассказ, как хорошие жены живут и как хозяйство ведут, как дом свой устраивают, как детей и слуг учат, как мужей своих слушаются, с ними советуются, и им повинуются во и всем,– и то для себя все запомнить. А если чего полезного не знает, о том спрашивать вежливо, а дурных и пересмешных, и блудливых речей не слушать, не говорить о том. Или если в гостях увидит удачный порядок, в еде ли, в питье, в иных каких приправах, или какое рукоделье необычное, или где какой домашний порядок хорош, или какая добрая жена, смышленая и умная, и в речах и в беседе, и во всяком обхождении, или где слуги умны и вежливы, и рукодельны, и во всяком деле смышлены,– и все то хорошее примечать и всему внимать, чего не знает и не умеет, и о том расспрашивать учтиво и послушно, и кто что хорошего скажет и на добро наставит, делу какому научит,– и на том бить челом, и прийдя домой, обо всем на покое поведать мужу. С такими-то добрыми женами хорошо собираться не ради еды и питья, но ради доброй беседы и для науки, чтобы самой запомнить все впрок, а не пересмешничать ни над чем и попусту не болтать ни о ком. Если же спросят о чем про кого-то, иногда и с пристрастием, то отвечать: «Не ведаю я того, ничего не слыхала и не знаю; и сама о ненужном не спрашиваю, ни о княгинях, ни о боярынях, ни о соседях не сплетничаю».

40. Наказ женам о пьянстве и о хмельном питье (и слугам также): чтобы тайком не держать ничего нигде, а наветам и обману слуг без дознания не доверять; строгостью их наставлять (да и жену также), как в гостях пребывать и дома себя вести правильно

А у жены решительно никогда никоим образом хмельного питья бы не было: ни вина, ни меда, ни пива, ни угощений. Питье находилось бы в погребе на леднике, а пила бы жена бесхмельную брагу и квас – и дома, и на людях. Если придут откуда женщины справиться о здоровье, им тоже хмельного питья не давать, да и свои бы женки и девки не пили допьяна и в людях и дома. Жене же тайком от мужа не есть и не пить, захоронков еды и питья втайне от мужа своего не держать; у подруг, у родни тайком от мужа своего питья и еды, поделок и подарков никаких не просить и самой не давать, и ничего чужого у себя не держать без ведома мужа; во всем советоваться с мужем, а не с холопом и не с рабой.

Крепко беречься от всякого зла, а ложные речи слуг своих не пересказывать мужу и зла не держать. Если же кто натворит что, об этом прямо и без прибавлений мужу сказать. Мужу и жене никаких наговоров не слушать и не верить им без дознания над самим виновным, и сплетен домашних мужу не доносить жене. С чем сама не сможет справиться – если дурное дело, то мужу сказать всю правду, если какая женка или девка в чем согрешит и не слушает ни слова, ни наставлений, или пакость какую чинит,– все с мужем то обсудить, какое кому назначить наказание.

А когда случатся гостьи, потчевать их питьем как пригоже, самой же хмельного питья не пить. Питье же и яства и всякое угощение приносит тогда один человек, а выделен тот, кому ведено, иных же мужчин тут ни рано, ни поздно никогда и ни в коем случае не было б, кроме того, кому приказано, что принести или что-то спросить у него, или что-то ему приказать; за все с него спрашивать, и за беспорядок и за ошибки,– и никому иному дела тут нет.

А завтракать мужу и жене не годится врозь, разве уж если кто болен; есть же и пить всегда в положенное время.[94]

41. Как жене носить разную одежду и сберегать ее

А платья и рубашки и платки на себе носить бережно каждый день, не испачкать, не измазать, не залить, на мокрое не сесть и не класть; все то, с себя снимая, складывать бережно и хранить это строго, и слуг учить тому же.

Самому господину и госпоже, детям и слугам – когда надлежит работать, делать это в одежде старой, а кончив работу, одеть повседневное; и сапоги тоже. А в праздники и в погоду хорошую да и на людях или если в *церковь* идти, и в гости, надеть одежду нарядную, с утра осторожно ходить, и от грязи, и от дождя, и от снега беречься, питьем не залить, едой и салом не пачкать, на кровь и на мокрое не сесть. С праздника или из церкви, или из гостей воротясь, нарядное платье с себя сняв, оглядеть его, высушить, размяв, оттереть грязь, вычистить, да хорошо уложить туда, где оно хранится. А повседневное всякое платье, верхнее и нижнее, и сапоги,– всегда бы все было вымыто, а ветхое заплатано и зашито, так что и людям посмотреть не совестно, и себе хорошо и прибыльно, и сиротине дать во спасенье. Платье же всякое и всякий наряд, сложив и свернув хорошенько, положить в сундук или в короб, да под замком бы все было – тогда никакой беды не боишься.

42. Как хранить в полном порядке посуду всякую и вести домашнее хозяйство, все комнаты содержать хорошо в чистоте; как хозяйке в том слуг наставлять, а мужу – проверять жену, поучать и страхом спасать

Стол и блюда, и поставцы, и ложки, сосуды всякие, ковши и братины, избу затопив с утра и воды согрев, перемыть и вытереть, и высушить. После обеда и вечером также. А ведра и ночвы, и квашни, и корыта, и сита, и решета, и горшки, и кувшины, и корчаги также вымыть и выскрести, и вытереть, и высушить, и положить в чистом месте, где пригоже. Всегда бы сосуды всякие и посуда чиста бы была и сосчитана, а на лавке и по двору, и по комнатам посуда бы не валялась, поставцы и блюда, и ложки, и ковши, и братины на лавке и по избе не валялись бы, но там, где положено, в чистом месте лежали бы, опрокинуты вниз. А в какой посудине что лежит из еды или питья, так то покрыто бы было для чистоты, и вся посуда с едой и с питьем, и с водою (чтобы квашню творить),-всегда бы все было покрыто, а в избе и завязано-от сверчков и от всякой нечисти.

А ставцы и блюда, и ложки, и братины, и ковши, и всякие сосуды лучшие – серебряные, оловянные, деревянные – держать под замком и в надежном месте. Будут ли гости или праздник наступит-для добрых людей вынимать к столу. А после застолья пересмотреть, перемыть, пересчитать и снова укрыть под замком. Повседневную же посуду хранить, как описано выше.

А в избе и стены и лавки, пол и окна, и двери, и скамьи, и в сенях, и на крыльце точно так же все вымыть и вытереть и вымести, и выскрести, и всегда бы чисто было: и лестница, и нижнее крыльцо. А перед нижним крыльцом положить соломы, чтоб грязные ноги отирать, тогда и лестница не загрязнится; в сенях же перед дверями ветхий войлок положить с той же целью, грязь обтирать. В плохую погоду у нижнего крыльца солому сменять грязную и новую класть, да и у сеней велеть войлок прополоскать и высушить, и снова туда же положить.

Вот потому-то у добрых людей, у хозяйственной жены всегда дом и прибран и чист,— во дворе и перед воротами на улице слуги всегда подметают мусор и выгребают грязь, а зимою и снег разгребают. А щепки и опилки и прочий хлам прибирать, чтобы всегда все было в порядке и чисто. В конюшне же и в хлеву и в остальных всех службах устроено все как следует, припрятано и подчищено и подметено – в добрый дом такой, хорошо обряженный, точно в рай войти.

За всем тем и за всем порядком жена бы следила да наставляла слуг и добром и лихом: не понимает слова – поколотить. А увидит муж, что у жены непорядок и у слуг, или не так все, как в книге этой изложено, сумел бы свою жену наставлять да учить полезным советом; если она понимает – тогда уж пусть так все и делает, и уважить ее, да жаловать, но если жена науке такой, наставлению не последует и того всего не исполняет (о чем в этой книге сказано), и сама ничего из того не знает, и слуг не учит, должен муж жену свою наказывать, вразумлять ее страхом наедине, а наказав, прос- тить и попенять, и нежно наставить, и поучить, но при том ни мужу на жену не обижаться, ни жене на мужа – жить всегда в любви и в согласии.

А слуг также, смотря по вине и по делу, наказать и посечь, а наказав, пожалеть; госпоже же за слуг заступаться при разбирательстве, тогда и слугам спокойней. Но если слову жены или сына, или дочери слуга не внимает, наставление отвергает, не слушается и не боится их, и не делает того, чему муж, отец или мать его учат, то плетью постегать, по вине смотря, да не перед людьми, наедине поучить, приговаривать и попенять, и простить, но никогда не обижаться друг на друга. Ни за какую вину ни по уху, ни по лицу не бить, ни под сердце кулаком, ни пинком, ни посохом не колоть, ничем железным и деревянным не бить. Кто в сердцах так бьет или с кручины, многие беды от того случаются: слепота и глухота, и руку и ногу и палец вывихнет, наступают головные боли и боль зубная, а у беременных женщин и дети в утробе повреждаются. Плетью же, наказывая, осторожно бить, и разумно и больно, и страшно и здорово – если вина велика. За ослушание же и нерадение,– рубашку задрав, плеткой постегать, за руки держа и по вине смотря, да поучив попенять: «А и обиды бы не было, а и люди бы о том не слыхали, а и жалобы бы о том не было». Да никогда бы не были брань и побои и обида на ссору слуг или их наговор без должного дознания, и если были оскорбления, нехорошие речи или свои подозрения,– виновного наедине допросить по-хорошему: искренне покается, без всякого обмана – милостиво наказать, да простить, по вине смотря; но если в деле не виноват, оговорщиков уж не прощать, чтобы и впредь ссор не было. Да и судить по вине и по справедливому розыску; если же виновный не признается, не кается в грехе своем и в вине, тут уже наказание должно быть жестокое, чтоб ответил виновный за вину свою, а правый остался в правоте: всякому греху свое покаяние.

43. Как самому хозяину, или кому он прикажет, припасы на год и иной товар закупать

Приказчику, дворецкому или ключнику, или купцу, кто из них облечен доверием, или самому хозяину на рынке всегда присматривать всякий припас к домашнему обиходу: или хлебное всякое жито и любое зерно, хмель и масло, и мясное, и рыбное, свежее и солонину, или товар какой привозной, и запас леса, всякий товар, что со всех земель идет, когда навезут всего или много когда чего и дешево у приезжих людей, у христиан,– в те поры и закупить на весь год, все с рубля четвертак не додашь, и с десяти рублей также. У перекупщика возьмешь дороже, а не вовремя купишь – вдвое деньги дашь, да еще и не всякое купишь, если чего-то нет, а надобно. А какой товар и припас не портится быстро, да еще и дешев, тогда и лишнего можно купить, чтобы в своем хозяйстве обеспечить все нужды, а лишнее во время продать, когда товар вздорожает. И тогда запасы твои обернутся прибылью, как и водится то у добрых людей и у хорошего хозяина домовитого, предусмотрительного своей сноровкой.

А купит он у кого что-нибудь много ли, мало у приезжего ли купца или у крестьян, или у здешнего торгового человека, сговорись полюбовно, а деньги плати из рук в руки. А затем, по человеку судя и по покупке, почти его хлебом да солью и питьем – в том убытка не будет, а дружба и впредь остается, никогда он тебя хорошим товаром не обнесет: и лишнего не возьмет, и плохого не даст. За добрую же услугу или покупку и самому хозяину такого купца или торгового человека хорошо бы почтить, добрым словом приветить и ласковым обращением, от такой ведь хорошей дружбы и прибыль во всем растет великая. А там, смотря по человеку и торговле, чего они стоят, тем и одаришь его,– так у тебя же вдвойне потом будет.

Кто живет таким образом, прежде всего – от Бога греха нет, а от людей нареканий, а от купцов похвала во всех землях, а в доме благословенное, а не проклятое все, что есть и пить и носить и под рукой, и милостыню из чего подавать,– все то Богу приятно, а душе на пользу.

44. Как себе на расход купить разный товар заморский из дальних земель

А бобра у купца купи целиком, а то два или три или сколько хочешь, да и сшить отдай: дома на все пригодится, а с рубля полтина останется. Тафты же кусок и сукна постав, или разных поставцев шелку, литр золота и серебра точно так же, или белки, или песца и всякого иного запаса, если чего завоз, что сгодится в своем хозяйстве, в ремесле, в рукоделье, для своей семьи по своим доходам все закупать в запас, когда чего много и дешево, и по числу ремесленников и мастериц,— все то и споро и прибыльно. Если же окажется у тебя свой портной и сапожник, и плотник, тогда от всяких запасов, остатков, обрезков прибыль уж точно будет, да и к новой одежде остатки сгодятся или ветхое что починить, так тебе того прикупать не придется.

А лес и дрова, и бочки, и мерники, и котлы, и дубовые клепки, и лубье, и липовые доски, и дранка, и жолоба, если уж им привоз зимой на возах, а летом на плотах и на лодках-на целый год запасешь: у всего не додашь, и на рубле четвертак сбережешь. И у торговца мясом, что потребуется, не всегда и купишь, но денег дай вперед; всякий товар запасать, только когда завоз, это дешево: хоть сейчас и не нужно, но тогда и купи-и покроешь нужду свою, а чего запасешь с избытком, на том деньги придут с прибылью.

45. О том же: когда и что покупать тому, у кого деревень нет, всякие домашние припасы, летом и зимой, и как запасать на год, и как дома разводить всякую скотину, еду и питье держать постоянно

Домовитому человеку, мужу и жене, у которых ни поместья, ни пашни, ни деревень, ни вотчины нет, хлеб и всякое жито купить зимой на возах, а также и мясо мороженое, и рыбу всякую, свежую или иную, осетрину копченую или в бочках на целый год, и семжину, икру сиговую и черную, и свежий мед, и рыбу, которую летом выловили, и капусту, — и все то в сосудах на зиму льдом заложить, а запасы напитков поглубже, лубом покрыв, засыпать. Летом они понадобились — все свежо и готово.

Летом же для еды покупать и мясо домовитому человеку: купить баранчика и дома освежевать, да овчинок и накопить человеку на шубу, а бараний потрох — добавка к столу, утешение тоже. У жены хозяйственной и у хорошего повара замыслов много: из грудинки сварить отвар, почки — начинить, лопатки — прожарить, ножки яичками начинить, печень изрубит с лучком и, пленкою обернув, на сковороде изжарит, легкие, также с молочком с мукой да яичками разболтав, нальет, а кишечки зальет яичками, из бараньей головы мозжок с потрошком в отваре сготовит, а рубец начинит кашкою, а почки — сварить или, начинив, изжарить,— и если так делать, от одного барана много радости будет. (Студень же, какой остается, хорошо держать на льду.)

Летом покупать на хозяйство мясо под расход — в пятницу, в понедельник, в среду и в прочие дни на всю неделю купить сразу: не додашь до гривны алтына, а присолив, на лед положишь — за два-три дня и даже неделю не испортится. А с Семенова дня купит телку яловую или мяса сколько нужно, но не сразу, а выждав, как подешевле станет — тогда ты побольше и купишь. Мясо про запас засоли и провяль, потрохом же семья всю осень сыта. На коже да на сале половину денег вернешь, да еще и сала для себя натопишь, запасешься жиром. Потроха, головы, уши, губы, височные кости и мозг, кишки, рубцы, осердье, копыта, ноги, печень обработают женки да кашею жирной начинят со шкварками — а каша овсяная или гречневая, ячневая и всякая, какую захочешь. Если же не доедят потрохов за осень, пригодятся они в рождественский мясоед, а рубцы и губы, и уши, и ноги коровьи во весь год сгодятся на студень; когда ни делай студень-всегда удовольствие.

Свиней же, выращенных дома, забивать в осень и туши также про запас засолить, а голова и ноги, и сало, и желудки, и кишки, и потрох, и спинка осенью и зимой пригодятся; у заботливого хозяина и заботливой хозяйки в добром хозяйстве во всем изобилие, и всегда удовольствие и себе, и семье, и гостям. Да и не убыточно: кто на рынок, а ты в клеть.

Кто же дома разводит гусей и уток и кур, держать их только у воды, ибо кормить летом незачем; а потом живи год с даровым припасом. А кто для себя держит дойных коров, летом им корм в поле, да и дома всякого корма много у доброй хозяйки и летом и зимой: гуща пивная и кисельная, и квасная и с кислых щей и с отрубей овсяных, высевки ржаные и пшеничные и ячневые, с них и похлебку делают и толокно. По осени же капусту солят и свеклу ставят, репу и морковь запасают, со всего того много хряпы и листьев и кореньев, обрезков же и крошек со скатерти и со стола и из лукошка хлебного, а поискать — так и по полкам, по чуланам, и по залавкам и крошки и остатки и объедки, — все это добрая хозяйка домовитая или ключник хороший собирают и по ведрам раскладывают, тем и скотину кормят: лошадей рабочих, коров, и гусей, и уток, и свиней, и кур, и собак; себе не убыток, а приплоду и радости много. Всегда на столе прибыль — и себе и гостю. Только дома водятся куры и яйца, и сметана, и сыры, и всякое молоко-так что в любой день праздник и удовольствие: не на рынке куплено. Различные пироги, блины, рулеты, кисели, и разное молоко,— чего захотелось, все уже дома готово, жена и сама все умеет сделать, и слуг научит справляться. От таких домочадцев мужи богатеют.

И глядишь, такому доброму человеку и доброй жене его Бог пошлет приплоду побольше у коров и свиней, и у уток, и у гусей; у коров молока и сметаны больше, масла и сыра, и кур, и яиц; сами всегда едят жирно да и кормят людей, и милостыню подают от праведных трудов и от благословенных плодов. А излишки будут — их продадут, и на прочие нужды сгодится благословенная денежка, и на милостыню. Богу приятную. Лишь у бедного человека или вдовы нет такого запаса, которым скотину кормить, как в этой главе описано; а если коровка дойная есть в деревне у бедного человека, и есть не одна, тогда кормить сеном или солому осенью нарезать, мукою пересыпав овсяной, или мякинки иной, какая случится, да кипятком обварить в корыте или рассолом полить, да прежде, чем сам поешь, ее накормить и выдоить. А подойник и посуду молочную теплой водой обмыть, протереть и высушивать, и в чистом месте, опрокинув держать, чтобы ни кошка, ни собака, ни мышь, ни малые дети не облизывали и не пакостили. Корову выдоив, молочко процедить через ситечко, да все молоко, прикрыв, держать в чистоте. Самой же руки вымыть начисто, а одежду надеть старую, но чистую, и теплой воды принести, полотенце держа на плечах, вымя и соски у коровы вымыть, полотенцем чистым вытереть, и в чистом месте доить со всей осторожностью, и стул был бы чист, и коров на мягком держать и корм класть, какой наелся. А лошадок и кобылок каждый день тем же кормом в хлеву христианину раньше, чем сам поел, накормить, и будет тогда плодовита скотина и работяща, ибо все это вместо овса им идет. И телят и ягнят молодых, и коз, и гусей, и свиней, и уток, и кур раньше себя кормить кормом, какой скотине пригоже.

46. Как сохранить припасенный впрок всякий припас постный

Тогда у мужа впрок припасено все: и рожь, и пшеница, и овес, и греча, и толокно, и всякие припасы, и ячмень, и солод, горох, конопля; в пост любые яства, сменяя, каждый день готовят сами, жена со слугами; и семья сыта, и все довольны, и гостя без убытка накормят. Если же пожелает хозяин какой-нибудь постной еды, пусть готовит конопляное масло, крупа вся дома, и мука, и всякие пироги и блины печет и сочни, и рулеты делает и разные каши, и лапшу гороховую, и цеженый горох, и похлебки, и кундумцы, и вареные и сладкие каши и яства – пироги с блинчиками и с грибами, и с рыжиками, и с груздями, и с маком, и с кашей, и с репой, и с капустой, или орешки в сахаре или сдобные пироги с чем Бог послал. А у доброго человека и у хозяйственной жены все припасено вовремя; рыбу свежую купив, иную солит, иную вялит, иную подпаривает, иную мелкую сушит, какую и в муку истолчет и в пост подсыпает в щи, если нравится, а то и в постные дни готовит для гостей и для себя, когда свежей рыбы нет. В пост же великий на столе еще редька, хрен, капуста, крепкий рассол и разные овощи, что Бог послал; в иные же дни, по гостям судя, и икра, и рыба вяленая, сушеная, вареная, и уха из вяленой, копченой, вареной рыбы и всяких потрохов, и сушеных немецких сельдей, из снетков, а еще и в рассоле, и в пирогах, и в каше, и в овощах, и разный снеток, и любые пироги, и каши, и блины, и кисели,— всякой постной еды у доброй хозяйки много. А все это Бог послал в дом — ничего на рынке не купишь. Брусничная же вода и вишни в патоке, и малиновый морс, и всякие сладости, и яблоки, и груши в квасу и в патоке, и пастилы, и левашники — и для себя, и для гостя, и больному всегда есть, если вовремя припасены. Если же страдальцу больному, и роженице, и заезжему человеку что даст хозяйка, великая за то награда от Бога. Какой же рыбы нет в запасе или запас издержался, а целой бочки одному не одолеть купить, возьми товарища или двух — бочку осетрины или белужины или сельдей или какой-нибудь рыбы, или осетрины, или икры какой купи вместе: тогда с рубля пяти алтын не додашь; и не будет чего в запасе, а для гостя или себе понадобится что купить, такого на рынке не сыщешь, а если и достанешь не в пору — и купишь втридорога, и кусок не в радость.

47. О прибыли от запасенного впрок

А у доброго человека и у доброй жены хозяйственной, у смышленых и разумных слуг годового всякого припасу: и пожитки, питья и яства, и хлебные, и жирные, и мясные, и рыбные, и вяленые, и сушеные, и соленые, ветчина и солонина, сухари и мука, и толокно, и иной запас, и мак, и пшено, и горох, и масло, и конопля, соль и дрова, солод и хмель, мыло и зола, и всякий запас, какой можно впрок запасать, при хранении не сгноив. Если в каком году не уродилось что или дорого, таким запасом хозяин проживет как даром, да еще несчастному да больному и бедному ссудит чего и поможет, кому как удастся. А чего в дешевую пору припасено в изобилии, при дороговизне можно и продать, так что выходит — и сам ел да пил и одевался даром, и деньги опять дома: доброго человека и доброй его жены никогда и ни в чем недостаток не прихватит. Старый же запас можно держать по многу лет, если он не портится.

48. Как огородом и садом заниматься

А у которого человека и огородик есть, за тем, кто работает в нем, сам ли хозяин доглядывает, хозяйка ли или тот, кому ведено. Прежде всего – с весны укрепить ограду, чтобы в огород ни собаки, ни свиньи, ни куры,– никакая скотинка не могла зайти ни с чужого двора, ни со своего, тогда яблоням и прочим растениям урона нет, а от соседей – упрека: всегда твоей скотине ход перекрыт от тебя, а их скотине – к тебе. Также и двор был бы всюду огорожен крепко и тыном заделан, и ворота всегда прикрыты, а к ночи и заперты. Собак же держать сторожливых, и охраняли бы слуги, да и сам господин или госпожа послушивают в ночи. Огород же всегда был бы заперт, а кому ведено, тот всегда бы его охранял, приглядывал днем и ночью.

Когда ж по весне гряды копать и навоз класть, так навоз зимой запасти, а перед посадкой дынь парниковые грядки готовить да всякие семена заводить у себя и, посадив и посеяв разные семена и зерна, вовремя их поливать, укрывать, постоянно оберегая от мороза, а яблони обрезать, выбирая сушняк, черенки нарезать и делать прививку к стволам, и гряды с посевами пропалывать, капусту от червя и от блох беречь и обирать их и стряхивать. А возле тына, вокруг всего огорода, там, где крапива растет, насеять борща, и с весны варить его для себя почаще: такого на рынке не купишь, а тут всегда есть; и с тем, кто в нужде, поделится Бога ради, а если борщ разрас- тется, то и продаст, обменяв на другую заправку. А если насадит капусты и свеклы, и созреет она, то капустные листья варить, а станет капуста свиваться в кочан, да еще и густо, то, один за другим отсекая, листья варить, обломав их, и скотину кормить.

В ту же пору до самой осени, борщ подрезая, сушить и сплетать в пучки, он всегда пригодится – и в этом году, и позднее; и капусту в течение лета всего варить, и свеклу. По осени же капусту солить, а свекольник готовить и солить огурцы. А летом наслаждение: ест дыни, горошек, морковь, огурцы и всякие овощи, а коли послал Бог и больше чего уродилось, то еще и продаст.

Сад же заложить самому, чтобы места от дерева до дерева было по три сажени, а то и больше, яблони тогда растут большими, зерновым и овощам не мешают расти, а как разрастутся густо ветки, и под деревьями уже ничто не растет, насей тогда борщу, все же всегда урожай какой-то. А падалицу с яблонь и то, что вызрело из огурцов и дынь и иных плодов, вовремя бы собирать, что съесть самому, а что приберечь, а что и в запас оставить, или что засолить, квас поставить из яблок и груш или залить их патокой, ягодным или вишневым морсом. А в дешевую пору сушить грибы, грузди солить и рыжики, и все плоды уложить на хранение, а то и продать что,— все бы то было в сохранности. Семена же всякие хорошо выводить самому, ибо от них великая прибыль: на рынке того не купишь, а если излишки будут, ты их продашь.

А пошлет Бог какие плоды в твоем огороде, сначала нужно собрать их и то, что созрело, прежде всё из первых плодов в *церковь* Божию принести, чтобы их освятили священники – отпробуют сами и садовода благословят. Да и к отцу духовному в дом посылать от первин также, а если большой урожай, то и служителям в церкви послать, и больным, и нищим также от праведных своих трудов, от благословенных плодов. И в сад призывают священников – опять же отпробовать и благословить урожай.

А Бог даст на полях – поступают так же: от урожая первины приносят священникам и в Божии церкви, в какие ходят молиться, подают от всего урожая сиротам и больным, по монастырям раздают убогим же боголюбцы. И тот, кто так поступает – да благословен его дом и сад, и поле, и пашня, и покос, и скотина, и все живое, да удвоит Господь семена плодородные и наполнит Господь его дом благодати различной, и отпустит грехи, получит прощение он в сем веке и наследует вечную жизнь.

49. Какие запасы напитков держать хозяину для себя и гостей и как слугам их приготовить

А коли один живет человек и не очень богат, да запаслив, держит для гостя пивцо в запасе, в марте сварив переварки ячневой да подсытив ее; и простое пивцо тоже есть. Медку же сготовить к празднику и впрок сохранять во льду, засечь в нем медок и мартовское пивцо. Если ж настанут праздник, именины или свадьба, или рождение и крестины, и по родителям поминки, или случится гость нежданный или приезжий, а не то так званый или важный гость или игумен честной,-тотчас же из бочки одной пять оловянных чаш меду нацедят или, смотря по числу гостей, в небольшие бочонки.

Запасы муската держат в мешочке, а гвоздику в другом, а в третьем мешочке душистые разные травы. И все то с медом в печи заварив, в оловянные чаши разлить, а не то так в бочонки, в вино подогретое, добавив вишневого морсу и малинового – в две оловянные чаши, а в иной – готовой патоки. Так в одночасье выйдет – шесть медов для гостей да вина два, да вишневого морсу, и в чашах смесив и подаст, да еще два пива. И кто этак с припасом живет, всегда у хозяйки сметливой в запасе все, никогда перед гостем не стыдно, а придется устраивать пир – прикупать и нужно немного, глядишь: дал Бог – всего и дома в избытке.

50. Поварам наставление, как пиво варить и мед сытить и вино курить

А в пивоварню выдать на пиво и на брагу и на кислые щи солоду, муки и хмелю – и все то было б записано, измерено и сосчитано. А когда затирают пиво ячное, овсяное или ржаное и парят хмель, то при квашении и сливании наблюдать самому, всегда бы делали все бережно и ничего не раскрали, не испортили, со смехом не выпили. Когда же варят пиво и видят, что солод крепок еще – бочку, а то и больше, повторно пива сготовят, а гущу водой заливают после любого пива, воды согрев ведер с тридцать, а то и сорок, если же гуща ячневая, то все пятьдесят, и шестьдесят залить, даже больше, по крепости сусла судя. И эти смывки, заквасив как следует, пить в семье, а то, что заквасишь из первых остатков, сгодится на кислые щи.

Уксус же ставить из лучшего сусла, держать его бережно и в тепле, подходить к нему в чистом. А хмелины пивные собирать на хмельную брагу и хранить все лето – или высушив или на льду вместе с суслом, чтобы не испортились. Также и дрожжи собирать для браги хмельной в перегонку и осторожно хранить: для того годится посуда и старая, была бы лишь под рукой да починена.

Мед сытить следует самому, а как двинется он, посудину ту запечатать, но наблюдать самому, кто бы тут не ходил. А сливать самому же, да и при этом не пили бы.

Самому и вино курить, и быть при том неотступно, а если кому доверяешь – строго тому наказать, как и всем на винокурне, да замечать, по скольку выгонят из котла араки в первый, во второй и в последний раз, а при перегонке также смекать, сколько выкурят из котла сначала, а потом и после всего.

Да и на погреб, и в ледник, и в сушило, и в житницы без себя никого не пускать, везде самому все выдавать, отмерять и отвешивать; и сколько кому чего даст, все то записать.

51. Как ключнику присматривать за поварами, за хлебопеками и всюду – за всем хозяйством

У поваров бы и у хлебопеков, и у всех помощников было бы все в порядке: и котлы, и сковороды, и горшки, медные и железные, и таганы, и решетки, и ковши, и шумовки,– все было бы чисто, в целости и сохранности, все было бы записано и на счету. У пивовара же чаны, бочки и мерники, и котлы, и корцы, и извары,– тоже были б на счету и записаны, а медное все и оловянное взвешено.

И каждый бы день все это ключник просматривал, чтобы все сходилось в числе, было зачинено, вымыто, высушено, и на месте лежало закрытое, а бочки и всякие сосуды перемыты и заперты.

52. Как в житницах и закромах у ключника в сохранности было бы все зерно и прочий запас

А в житницах и в закромах было б у ключника всякое жито и разный запас: рожь и овес и пшеница, и солод, не гнилые, не влажные, не пересохшие, не точеные мышью, да не слеглось бы, не задохнулось. А что находится в бочках, в ночвах и в коробах – мука и прочий припас, и горох и конопля, и греча, и толокно, и сухари – то было бы все покрыто в посуде крепкой и не намокло, не сгнило, не затхло. Да было бы всему тому мера и счет: сколько чего из деревни или с рынка доставят – записать, а что весовое – взвесить, и сколько когда ключник выдаст чего на расход или взаймы и на всякое дело, или кому хозяин велит что выдать – и это все записать, и сколько чего сделают – и все бы то было известно. И хлебы, и калачи, и пиво, и вино, и брага, и квас, и кислые щи, и уксус, и высевки, и отруби, и всякая гуща, и дрожжи, и хмель – то было бы все у ключника и вымерено и записано, а хмель и мед, масло и соль взвешены.

53. Также и в сушильне присматривать ключнику за рыбой, сушеной и вяленой, за пластовым мясом и языками

Да в сушильне полтевое мясо и солонина вяленая, тушки и языки, и рыба сушеная да резаная, и прочая рыба вяленая да сушеная, а в рогожках и в корзинках снетки и хохолки – чтобы все было на счету и записано, сколько чего куплено и свешено, провялено и положено, и издержано; хранилось бы то бережно, и не сгнило, и не намокло, и не измялось – сохранено от всякой пакости, от мышей и от кошек, от собак и малых детей, и всегда под замком бы.

Все это просматривать, перебирать да просушивать, а что получше – и впредь хранить, а что портится, то сразу использовать, как нужно будет семью кормить, хорошенько обработав, и нищим подать – как-никак, а добро спасешь, сгноив же – даром за ворота выкинут.

54. Как все сохранять в погребе, на леднике и в сарае

А в погребах и на ледниках, и в кладовых хлебы и калачи, сыры и яйца, сметана, лук и чеснок и всякое мясо, свежее и солонина, и рыба свежая и соленая, и пресный мед, и еда готовая, мясная и рыбная, студень и всякий припас съестной, и огурцы, и капуста, свежая и соленая, и репа, и разные овощи, и рыжики, и икра, и рассолы готовые, и морс, и вишни в патоке, и малиновка, и яблоки с грушами, и дыни и арбузы в патоке, лимоны и сливы и левашники, и пастилы, и напитки яблочные, и вода брусничная, и вина сухие и горькие, и меды различные, и пиво на меду и простое, и брага — и весь тот запас ведать ключнику. А сколько чего в кладовой поставлено, и на леднике, и в погребе — все то было бы сосчитано и перемерено, что лежит целиком, а что почато, и перемечено, и записано, и сколько чего и куда отдаст ключник по приказу хозяйскому и сколько чего разойдется, — и было бы все то в счете, было бы что господину сказать и отчет во всем дать. Да было бы то все и чисто, и покрыто, и не задохлось, не заплесневело, не протекло, не сгнило и не прокисло. И вина сухие и медовые взвары и прочие лучшие напитки в особом погребе под замком и сам хозяин там бы приглядывал.

55. Как по наказу хозяйскому ключнику в клетях, в подклетях и в амбарах держать все в порядке

А в клетях и в подклетях, и в амбарах ключнику хранить по господскому наказу всякое хозяйство: платье старое и дорожное, и рабочее, и полсти, и епанчи, и кебеняки, и шляпы, и рукавицы, и медведна, и ковры, и попоны, и войлоки, и седла, и саадаки с луками и со стрелами, и сабли, и топорики, и рогатины, и пищали, и узды, и оброти, кисти, лысины и пахвы, и остроги, и плети, и кнутье, вожжи моржовой кожи и ременные, и шлеи, и хомуты, и дуги, и оглобли, и перины, и мешки меховые, и сумки, и мешки холщовые, и занавеси, и шатры, и пологи, и лен, и посконь, и веревки, и канаты, и мыло, и золу, и старые вещи разные, и обрезки, и остатки, ветхие и новые, матерчатые и кожаные, и железные обломки всякие, и гвозди, и цепи, и замки, и топоры, и заступы, и всякий железный припас, и всякую рухлядь,— все то разобрать, что пригодно – по коробьям разложить да по бочкам, а иное по полкам, кое-что по крюкам, а то и по коробам: куда что удобно, там и пристроить, сухим и завернутым от мышей и от сырости, и от снега беречь и от всякой пакости. И все то было бы на счету и записано, сколько чего тут нового и .сколько ветхого; а что попортилось, то починить, чтобы всегда был готов любой припас, который затребуют.

В других же подклетях, под сенями или в амбаре расставить сани, дровни, телеги, колеса, рабочие одры, дуги, оглобли, хомуты, рогожи, посконные вожжи, лыка, мочала, веревки, лычные оброти, тяжи, шлеи, попоны, прочий запас дворовый для коней, где что удобно поставить, положить и повесить. А лучшие сани, воз, каптан, колымагу укрыть на подставках, чтобы сберечь их в сухости и под замком. В другом же амбаре бочки и мерные коробы, и бадьи, и чаны для сычения, и корыта, желоба, извары и корцы, фляги, сита, решета и всякая снасть поварская и для хранения снеди. Если какие бочки и иные сосуды попортились или обручи в них подгнили или свалились, велеть закрепить их, или днище поправить, или уторы переделать и обручи новые наколотить. Все бы то было готово и сделано заново – и выпарено, и вымыто, и высушено, чтобы ни гнилью, ни плесенью, ни затхлостью не несло; дрожжи и хмель не пересохли бы и не загнили. И лишь только какой понадобится сосуд, всегда бы готов он был, а для того дубовые доски в запасе держать, чтобы чинить и наладить, а ветхие бочки, извары и чаны, дощечки от бочек и донцд лукошек и прочих посудин надо припрятать – все то пригодится для мелкого дела, и тогда ты хороших вещей не попортишь.

56. Как держать на сеновалах сено и лошадей в конюшнях, а на дворе запас дров и леса, и беречь всякую скотину

А на сеновалах сено было б разложено и не разбросано, и не раскидано по лестнице и по крыльцу, и по двору не растаскано, всегда бы его подобрали и подмели, ногами в грязь не втоптали, и было б оно не подмочено, и не заснежено, и не гнило, и всегда под замком. А солома также была бы под кровлей и уложена, и обрана, и очищена, и не разбросана, и заметена. Да в конюшне доглядывать бы каждый день: в ясли сено класть, сколько съесть лошадям, но под ноги им не бросать: стлать лошадям соломку. На водопой лошадей водить осторожно, детишки б на них не гоняли, а дать лошадям наваляться вдоволь, и вычесать их, и на дворе из колоды овсом накормить, прежде чем сам поешь, и попонами вытереть, и накрыть, а летом еще искупать да потом остудить. Коровам же, гусям и уткам, и курам, и свиньям, и собакам корм давать и в хлевах стлать солому и подгребать ее, и поить – ставить воду. Для скотины и для собак держать для того особые миски, и чистой посуды не поганить.

По всем службам ходить и вечером, и ночью, и под утро, а при том в фонаре была бы зажжённая свеча, но в конюшне и возле соломы из фонаря ни в коем случае не вынимать огня, чтобы чего не случилось. А бревна бы и дрова и доски, и дранку, и щепки, и обрубки досок и бревен и все разложить в стороне, где удобно, не на дороге; доски же, бревна и дранку-на подставках, да если еще под крышей, то это и лучше, чтобы в сухости не зацвело и не подмокло. Если дрова и щепки сухие, тогда хорошо горят – и служке только придти и взять и снести, все хорошо, не измазано, да и сам не уваляется.

57. Как готовить на кухнях, в пекарнях и в рабочих избах и как в сготовленном разобраться

А в кухнях, в пекарнях и в рабочих избах гуща, барда и отруби всякие, и капустные кочерыжки и хряпа, листья свекольные и от репы, отбросы, бражная и винная гуща, и кисельные отжимки, а на кухне и счистки с мяса и с рыбы, с кислых щей, и опара — так всего того не бросать, все собрать, в посуду старую класть, какая ни на кухне, ни в погребе уже не сгодится, да ставить все это в особую кладовую. И тем кормить рабочих лошадей, чего-нибудь примешивая, невеянный хлеб и мякину или овсяную муку. или сено-сечку, или чего иного, а остальное коровам давать и свиньям, и гусям, и уткам, и курам, и собакам, кому что сгодится: и мукой осыпают, и обмывками с посуды, с горшков и котлов после всякой пищи, и пригарины — все собирают скотине, скотина тем и сыта бывает. Да и в деревне скотине такой же корм выдают.

58. Как самому хозяину присматривать получше за погребами и ледниками, в житницах и в сушильнях, в амбарах и конюшнях

А в погребах и на ледниках, и в житницах, и в сушильнях, и в клунях, и в амбарах, и в конюшнях каждый день с ключником по вечерам в любой день самому господину проверить все питье и еду, и порядок, и всякий припас, и товар, и пожитки, в конюшне и в пекарне, в кухне и в любом обиходе: у ключника и у повара, у пекаря и у конюха,— у всех осмотреть самому, хорошо ли устроено, так ли, как написано в этой книге, и расспросить, сколько чего есть и всему ли должная мера и счет и записи. За всеми приглядеть и самому размыслить: и сделано сколько чего, и сколько чего разошлось, и кому что отдано, что съедено и что выпито,— во всем бы они смогли отчитаться точно. В один вечер ключника, в другой вечер повара, потом и пекаря, в иной вечер пивовара и конюха доглядеть и заметить себе все, а ключнику быть при сем. И если точно везде по наказу улажено и все исполнено и счет сойдется, и устроено хорошо, и каждый даст честно отчет, с понятием и в точности — такого за службу его пожаловать; а кто небреженьем все истратил или попортил, или солгал и выкрал, то, по вине смотря, наказать и наложить пеню.

59. Как хозяину, выведав все, по заслугам жаловать слуг, а плохих наказывать

А какой служка бережлив в деле, трудится как следует и в службе ходит верно без хитрости, на посмех не выдаст и сам не крадет, а везде еда и питье и все, что нужно, накрыто и не сгнило, и не заплесневело, и не прокисло, везде выметено и вытерто, не замочено и не залито, не запачкано и не замусорено, и посуда вся чиста, перемыта и уложена хорошо, а остатки пищи все перебраны и целы,— пусть и впредь так хранит для хозяина и гостей, а початое выдает на расход и на стол, каждому по достоинству, как ему велено хозяином.

Во всяком деле кто хорошо, бережливо и бесхитростно служит, по наказу все исполняет, того пожаловать и привечать его добрым словом, едой и питьем одарить, и всякую просьбу его исполнить. А чего без умысла или недогадкой или неразумием неловко натворил или испортил что — так в том только словом поучить его перед людьми, чтобы и все остерегались того; ему же вину простить. Если же в другой и в третий раз натворит чего или заленится-тогда, по вине и по делу смотря, обдумав, проучить его — поколотить: была бы хорошему честь, плохому же — наказание, и всем им наука. Так же доглядывает госпожа за женками и девками в своем хозяйстве и замечает и взыскивает, и жалует, и наказывает — так же, как здесь написано.

60. О торговцах и лавочниках: как лучше с ними расплачиваться

А которые слуги в лавках торгуют и покупают для домашнего хозяйства все нужное и разные припасы, по вечерам и на покое во всякое воскресенье должен сам хозяин с ними рассчитываться, в приходе и в расходе, в купле и в продаже: с тем в один вечер, а с другим и в иной вечер. А кто бережлив и понятлив, и радеет о своем деле, и все у него в порядке, и хитрости в нем никакой нет, а прибыток есть от него,– того похвалить и пожаловать едой и питьем, и все его просьбы исполнить, а за добрую службу в награду – пожаловать платьем своим.

А кто без умысла что натворит или ленив, ходит поздно в лавку и долго спит, или кто за товаром не ходит к купцам, или в чем-то иначе небрежен и нерадив, – такого поучать и бранить и. по вине смотря, наложить еще пеню. А за добрую службу за стол свой сажать и от себя подзнать и жаловать н от всего охранять таких. И во всякой службе, и домашнем хозяйстве и в торговле, если кто ленив и сонлив, вороват и пьянчужка, от наставлений и битья не исправится,– такого от дел отстранить и дать работу по нем. А кто глуп и груб, вороват и лепив, и ни на что не годится, кого наставления не берут – того, накормив, со двора прогнать: тогда и другие, на такого дурака глядя, не испортятся!

61. Как устраивать двор или лавку, или амбары и деревеньку

У всякого человека домовитого доброго, кому Бог послал подворье свое, деревеньку или лавочку на торгу, или амбар, или каменные дома, или варницы, или мельницы – были бы. как выше описано, закуплены все припасы вовремя, когда они дешевы, а в деревне не в страдную пору всё запасли бы. Да всегда во дворе приглядывать ключнику или кому наказано: тын не попортился ли. или изгородь в поле и во дворе и в огороде, или ворота, или замки не попортились ли, или у какого строения кровля не сгнила, не обветшала ли, или конюшня и хлева или какая хоромина, или желоба не засорились ли, – все то промыть и вымести, а желоба вычищать, перекрыть и закрепить, а что обветшало или сломалось, или протекает, или ветром содрано, а не то в избе стол, лавка или скамья, дверь, окно, ставни или цепь поломались, или в погребе, на леднике, в бане или пол и где-нибудь что-то испортилось; или снасть какая домашняя, дворовая, поварская, конюшенная или погребная, или какое платье и сапоги,– так все бы то было: ветхое – починено, а порченое – поправлено, оловянное и медное, железное и деревянное,– и все было б и крепко, и цело, и не прогнило, и не залито, под крышей и в сухости,– так что тому подворью и всему хозяйству домашнему старости и обветшания нет, стоит все как новое.

Печи же всегда осматривают внутри и поверху, и по сторонам, а щели замазывают глиной, а под в печи, где выломался, залатать старым кирпичом. А на печи всегда бы начисто вымести чтоб ничего от огня не случилось, тогда и спать на ней хорошо или высушить что. И у всякой бы печки над челом был навес от искр, глиняный или железный: если даже потолок и низкий, да огня не боится.

Все комнаты были бы всегда чисто выметены и сухи, и не загрязнены, и не замусорены. На дворе и перед воротами все было бы по уже сказанному. А метлы и лопаты, и всякая снасть по двору не валялись бы, все было бы прибрано и припрятано, а на дворе и в огороде был бы колодец, а нет колодца, – так вода бы была всегда, а летом и в комнатах вода бы стояла, на случай пожара. Когда же избу или баню топят, воду заранее бы припасти, на случай пожара, и воду эту с реки наносить утром рано, и дров также. А почерпнуть воды из реки или из колодца благословясь, да сосуды ополоснуть, в каких везти ее или нести, а там, где стоит, была бы всегда накрыта.

62. Как подворное тягло платить или с лавки позем или с деревни подать, а должникам – возвращать долги

А всякому человеку со своего подворья или с лавки позем, а с деревни и со всех угодий дани и пошлины и всякий оброк, и разные царские подати на себе не задерживать, не собирать в одно время сразу, а платить раньше срока: тогда и независим ты будешь, и за просрочку да за поручительство денег не платишь, и взяток не носишь, и сам не таскаешься. А кто в срок больших оброков и всяких повинностей не платит, не откупается, две дани ему набежит – вот уж и вдвое ему платить. И так неразумные люди попадают в рабство, а по судам и в долгах до конца обнищают. Кто же расплачивается и управляется в срок, и всяких податей за собой не накапливает, а ненужного долгу за кем не водится и не растёт он, так тот человек всегда свободен, живёт независимо, и в жизни ловко, и после смерти детям оставит и наделы, и память: двор со всяким припасом или лавку с товаром, или деревню со всякой живностью, и никаких кабал, ни записей, ни порук, никаких повинностей, никаких податей – ни в чём не запутался.

А случится кому денег занять или хлеба на прокорм бескабально или в кабалу, или под заклад, или без процентов,-да оплатить бы в срок, тогда и впредь добрые люди поверят. Кто же в срок не платит или проценты наперед не уплачивает, будет выплата ему с убытком и с позором, и впредь никто ему не поверит.

63. Указание ключнику, как хранить в погребе всякие припасы соленые – и в бочках, и в кадках, и в мерниках, и в чанах, и в ведерках мясо, рыбу, капусту, огурцы, сливы, лимоны, икру, рыжики и грузди

Все бы те непочатые и початые сосуды стояли с рассолом да пригнетены дощечкою и камнем тяжелым, а огурцы и сливы и лимоны также в рассоле были б, огурцы же под решеточкой придавлены легонько камешком, а плесень всегда счищать и доливать рассолом. Если ж какой засол не в рассоле стоит, то верхний ряд сгниет, да если еще в небреженье – так все и испортится. Все это еще и льдом обложить, а мясо на краткое время вывешивать; да и рыбу, лишь только запах появится, также, промыв, вывешивать. А если рыба любая и мясо соленое вялены, вывешивать их по весне, и как только обветрилось, значит поспело, тогда со стропил снимать да переносить в сушильню, и что хорошее, то развесить, а прочее класть в ступу. Рыбу же красную завернуть в рогожи, вяленую разложить по полкам, а пареную в корзины, чтобы ветер обдувал: какую как нужно, так и хранить. О том же, как их хранить, было уже описано.

В житницах, в закромах и в сушильнях все такие запасы просматривать: по какой причине подмочило, засыпало снегом, отсырело, или затхлое, или заплесневело, или слеглось,— тогда, разложив все, пересушить на солнце или в печах, а что испортилось, то раньше съесть или в долг давать, и в милостыню, и больным, если же слишком много, то и продать. Все же свежее и сухое, что хорошо сохранилось, сберегать и дальше.

А напитки всякие: и меды, и пива, и морсы, и вишни в патоке, яблоки и груши в патоке и в квасе, также и брусничная вода – если в бочках обложены льдом, так полными и сохранять, а какие сосуды стоят не полными, дополнить их до краев и поставить на лед. Если какое питье чуть тронулось. скисло или заплесневело, его по малым сосудам разлить и сразу пускать в дело, а какое посвежей – дальше хранить и держать полным

А яблоки и груши, и вишни, и ягоды – все бы были в рассоле, а плесень с них считать и, подсытив, доливать, что как нужно; да и на леднике питье и еду только в полных мерах, льдом обложив, хранить, тогда не испортится.

А одежду разную и товар, какие в дому и в клетях, и в амбарах, и в лавках, и в сундуках, и в бочках, и в коробах, верхнее и нижнее, новое и ветхое, дорогое и дешевое, холсты и полотна,— летом все это просматривать, перетряхивать и развешивать, и пересушивать, а какое попортилось, то починить, и новое и ветхое опять как было, хорошенько укладывать и сохранять все в сухости и закрытым, и под замком.

Сено же, если оно намокло, запорошено снегом, отсырело или слеглось, или затхлое, – его в погожий солнечный день на воздух вынести из сеновала да просушить, да перетрясти, а там и снова на сеновал сложить. Если ж в стогу слеглось и запрело, так же все сделать, а что испортилось, то и продать и лошадей кормить; раньше следует то скормить, какое попорчено, а если такого много-то и продать; какое же сено доброе, хранить его дальше, сложить в сухом месте, а сеновалы укрыть.

Хозяину же и хозяйке или ключнику, или ключнице всякий день, утром встав, прежде всего по всему двору у всех запоров замки оглядеть, а где есть печати – там и печать, и если все хорошо – то добро, а где плохо заперто или замок попорчен, или вовсе не замкнуто, а то и печать нарушена или худо припечатано, – тогда, в ту хоромину войдя, все просмотреть: если воры там были – сразу заметно, если свои покрали или плохо по небреженью заперли, за то, по вине смотря, и бранить, и наказывать, да разузнать, кто где ночевал и что как делалось, а потом уж и суд чинить.

И вечером также везде походить и все оглядеть, и принюхаться, как бы огня не было, не уронили бы где. В погребе или на леднике, вечером или утром, осмотреть все обручи бочек, крепко ль набиты, не протекает ли в бочках уторами и щелями и донцем, не каплет ли где, и везде ли чисто, и в рассоле лежит ли, не заплесневело ли, не загнило, и накрыто ли, и перечищено, и перебрано ли. И если в порядке все и в сохранности, то хорошо, а если какой беспорядок – наказать, по вине смотря. В поварнях же и в пекарнях, и во всех подсобных помещениях, и в конюшне у всякой скотины, на сеновалах. у мастеров и мастериц, учеников и торговцев, и у всех своих приказчиков всегда все просматривать и распытывать; если все по наказу – то хорошо, а не так – тогда наказать, по вине смотря, как выше описано. За добрый догляд и охрану высоко ценить и жаловать, хорошему слуге была бы честь. а к плохому – строгость.

64. Записи на весь год, что к столу подавать с Пасхального воскресенья в мясоед

С Пасхи в мясоед к столу подают: лебедей, потроха лебяжьи, журавлей, цапель, уток, тетеревов, рябчиков, почки заячьи на вертеле, кур соленых (и желудок, шейку да печень куриные), баранину соленую да баранину печеную» куриный бульон, крутую кашу, солонину, полотки, язык, лосину и зайчатину в латках, зайчатину соленую, заячьи пупки, кур жареных (кишечки, желудок да печень куриные), жаворонков, потрошек, бараний сандрик, свинину, ветчину, карасей, сморчки, кундумы, двойные ши.

А к ужину подают студень, рябчиков, зайчатину печеную да уток, рябчиков жареных, да тетеревов, баранину в полотках, зайчатину заливную, кур жареных, свинину да ветчину.

А еще в Пасхальный мясоед к столу еду подают рыбную: сельдь на пару, щуку на пару, леща на пару, лосину сушеную, белорыбицу сушеную, осетрину сушеную, спинки стерляжьи, белужину сушеную, спинки белужьи, спинки белорыбицы на пару, лещей на пару, уху с шафраном, уху из окуней, из плотиц, из лещей, из карасей.

Из заливных подают: белорыбицу свежую, стерлядь свежую, осетрину свежую, щучьи головы с чесноком, гольцов, осетрину шехонскую, осетрину косячную.

На Петровский пост к столу еду подают: сельдь на пару, щуку на пару, леща на пару, сушеную рыбу-лососину, белорыбицу, осетрину, спинки стерляжьи и вязигу белужью, спинку белорыбицы на пару, уху щучью с шафраном, ухи черной векошник, запеченных окуней, векошники из плотиц, уху из пескарей, из лещей, из карасей, тавранчук осетровый, да тавранчук стерляжий.

Из заливных: белорыбица свежая, стерлядь свежая, стерлядь свежепросоленая, осетрина свежая, осетрина соленая, щучина свежепросоленая, щучьи головы с чесноком, гольцы, стерлядь вяленая, осетрина шехонская, осетрина косячная, грибы вареные, печеные и сушеные, щи, караси, раки.

С Петрова дня в мясоед к столу подают: лебедей, потрох лебяжий, журавлей, цапель, уток, почки заячьи, вырезки жареные, языки говяжьи жареные, баранью грудинку жареную, кур соленых, желудки да шейки куриные, баранину печеную, уху куриную, говядину соленую, юрмы, солонину с чесноком, солонину с пряностями, мясо вяленое с чесноком, мясо вяленое с пряностями, полотки утиные сушеные, старую солонину, языки говяжьи сушеные, языки лосиные, лосину да зайчатину в латках, зайчатину в лапше, зайчатину заливную, почки заячьи заливные, заячьи пупки, печень заячью, цыплят на вертеле, караваи с зайчатиной, курники, пироги слоеные, гречники с салом, слойки, говядину вяленую, вымя говяжье, вепревину, ветчину, свиное вымя, рубцы, похлебку, сычуги двойные, налимов гнутых, тукмачи, лапшу, карасей, кундумы, похлебки крутые, блины творожные, пироги, оладьи, кисели, каши, сливки, творожную смесь, молоко кипяченое, молоко с хреном, караваи ставленые, караваи блинчатые, караваи взбитые, караваи яичные.

В Успенский пост к столу еду подают рыбную. Подается капуста кислая с сельдями, икра различная ставится рядом, белужья спинка вяленая, лососина с чесноком подается дольками, осетрина шехонская, белорыбица, семга сушеная, спинка осетрины да стерляжья, сельдь на пару, щуки на пару, стерляди на пару, лещи на пару, спинка семужья, спинка белорыбицы и прочих рыб спинки подаются на пару, студни рыбные с шафраном, уха из окуней запеченых черная (остудить ее), уха рядовая горячая, уха щучья, уха стерляжья, уха карасевая, уха окуневая, уха из плотиц, уха из лещей, тавранчук осетровый, а в промежутке меж разных ух подаются рыбные колобки и стерлядь, и рыбные блюда, пироги, пирожки в ореховом масле, пироги подовые пряженые с горошком, оладьи в ореховом масле кислые, пироги подовые кислые с горошком, пироги большие с маком на конопляном масле с горошком, да большой же пирог с маковым молочком, да с сочнями пирог с вязигой тоже большой, пирог с сигами да с сомом или с сельдью пирог пряженый,– а всех их переложить блинцами.

Из заливных: щука под чесноком, окунь в подливке, щука свежепросоленная, белужина вяленая в подливке, белорыбица в подливке с приправами, осетрина в подливке с приправами, лососина в подливке с приправами, семга с приправами в подливке, сиговина с приправами в подливке, лодожина с приправами в подливке.

В Успенский мясоед к столу подают: лебедей, да потрох лебяжий, журавлей, цапель, уток, грудинку баранью с шафраном на вертеле, вырезку говяжью на вертеле, языки на вертеле, потрошки свиные, курятину заливную, отвары куриные, говядину, свинину заливную, юрмы, лосину, солонину с чесноком и с пряностями, зайчатину в латках, зайчатину с репой, зайчатину заливную, кур на вертеле, печень баранью просветленную с перцем и с шафраном, говядину вяленую, свинину вяленую, колбасы, желудки, ветчину, рубцы, кишечки, кур вяленых, карасей, кундумы, щи.

А на ужин в Успенский мясоед к столу подают: зайчатину печеную, буженину, квашенину, головы да ножки свиные, полотки, зайчатину соленую, свинину, ветчину.

А после Семенова дня[95] не подают уже юрмы, бараньей печени и грудинки бараньей.

А с Покрова[96] подают к столу гусей на вертеле, гусей вяленых. В Успенский мясоед к столу еду подают рыбную: сельдь на пару, щук на пару, лещей на пару и сушеных рыб — лососину, белорыбиц, осетрину, белужину, спинки осетровые, спинки белужьи, спинки стерляжьи, уху с шафраном, уху сборную, уху окуней запеченых (черную), уху плотичью, уху лещевую, уху карасевую, тавранчук осетровый да тавранчук стерляжий. А заливное из свежей белорыбицы, лососины, стерляди свежей; стерлядь свежепросоленая, осетрина свежая да осетрина свежепросоленая, головы щучьи с хреном да с чесноком, щучина свежепросоленая, гольцы заливные, гольцы в кислых щах, стерляди вяленые, осетрина шехонская, осетрина косячная, грибы печеные, грибы вареные, щи да раки вареные.

А после Семенова дня не подают сушеную рыбу, зато добавятся с Семенова дня караваи, поросята нежирные и нежирные утки.

А с Дмитриева дня[97] добавится к столу еда рыбная-рыбные студни различные.

В Филиппов пост[98] к столу подают: паровые сельди да свежие мороженые, лещей на пару, спинки белорыбицы, спинки лососьи, спинки нельмы, спинки семужьи, стерлядь на пару, сига, лодогу на пару, студень рыбный, караваи, поросят мясных, утят мясных, уху шафранную, уху черную, уху налимью, печень, молоки налимьи, уху окуневую, уху плотичью, уху из лещей, уху из карасей, тавранчук белужий, тавранчук осетровый, тавранчук севрюжий, тавранчук стерляжий, уху мешочком, уху с клецками, уху стерляжью, уху судачью, уху из потрошков стерляжьих.

Из заливных: белорыбица, лососи, нельма, стерляди, осетрина, головы стерляжьи, головы щучьи с чесноком и с хреном, вырезки, стерляди жареные, щуки отварные, лини, окуни, плотицы, лещи заливные, щучина свежепросоленая, хребет да ребра белужьи, сельди жареные, осетрина шехонская, осетрина косячная, осетрина длинная, двойные щи,— с ухой свежею да с ухой осетровой.

В Великий мясоед после Рождества Христова к столу подают: лебедей да потрох лебяжий, жареных гусей, тетеревов, куропаток, рябчиков, поросят на вертеле, баранину заливную, баранину запеченую, поросят заливных, поросячий потрох, бульоны куриные, солонину с чесноком и с пряностями, лосину, заливное осердье лосиное, осердье лосиное крошеное, губы лосьи, печень и мозги лосиные, зайцы в латках, зайчатину заливную, кур с вертелов, гусиные потроха, говядину вяленую да свинину, ветчину, колбасы, желудки, гусей вяленых, вяленых кур, налимов гнутых, тукмачи, лапшу, карасей, кундумы да щи.

Да в Великий же мясоед после Христова Рождества к столу еду подают рыбную: сельдь на пару, сельдь свежемороженую, лещей на пару, спинки белорыбицы, спинки лососьи, спинки нельмы, семужьи спинки на пару, стерлядь на пару, сигов, лодогу на пару, рыбный студень, караваи, поросят, уток мясистых, уху шафранную да простую уху, уху налимью, молоки да печенки налимьи, уху щучью с перцем, уху окуневую, уху плотичью, уху из лещей, уху из карасей, тавранчук белужий, таврунчук стерляжий, уху в мешочек, уху крошеную, уху стерляжью, уху судачью, уху из потрошков стерляжьих. Да заливное: белорыбица, лососина, нельмина, стерлядина, осетрина, головы стерляжьи, головы щучьи с чесноком, кружек, щуки отварные, окуни, плотва в заливном, лещевина, да щучина заливная с хреном, щучина свежесоленая, хребты да ребра белужьи, сельди жареные, осетрина шехонская, осетрина косячная, осетрина старая, щи.

А на масленицу подают к столу: хворост, орехи, ельци, ядрышки, пирожные, шишки, творожную смесь, молоки вареные, жирный творог сухой.

В Великий пост к столу подают: хлебцы постные, икру паюсную, икру осетровую осеннюю да икру осетровую свежую, икру стерляжью, печень щучью простую, кашку с белорыбицей, печень лосося, кашку с судаком, кашку стерляжью, кашку с севрюгой, кашку с белугой свежей, печень осетровую свежую, печень белужью слабосоленую, печень осетровую сушеную и белужью, снетки да сущик, пласточки карасевые да язевые, икру вареную. икру жареную, тешку осетровую да тешку свежесоленую, визигу в уксусе, стерлядь бочечную, языки сырые, стерлядь вяленую, тешку осетровую, тешку белужью, языки белужьи, осетрину шехонскую, лапшу гороховую, пшено с маковым маслом, целый горох да горох лущеный, двойные щи, блины да пироги с варением или луком, да пироги подовые с маком да кисели и сладкие и пресные.

Как приготовить муку крупчатку. 10 четвертей возьмут пшеницы, смелют из 10 четвертей муку крупчатку полтрети четверти да три четверти муки белой, да половину пяти четвертей муки обиходной, да три четверти межситки; а из четверти выйдет 20 калачей крупитчатых, да из белой муки- также 20 калачей, а из четверти муки обиходной 20 калачей из четверти; а на четверть муки кладут по 2 гривенки соли, при обиходной же муке – на четверть по гривенке соли.

65. Правило о различных медах сыченых: как сытить меды всякие, как ягодный морс готовить, и квас медовый простой ставить, и пиво простое подсычивать медом, и хмель варить в кипятке, чтобы сытить мед обварной

Обварного меда взять всемеро больше свежего, чуть теплой водой разбавить, да мед процедить ситом начисто, чтоб не осталось воску, да положить в тот мед по полумере хмелю на каждый пуд раствора. А при варке того меда пену снимать ситом, чтоб было в котле чисто, когда же уварится мед вполовину, его из котла долой, остудить чуть-чуть, да сложить мед в мерник чисто, опять без воску, да краюшку хлеба натереть дрожжами с патокой, и запечь в печи, да положить тот мед в мерник, и заквасить. А как станет мед сильно скисать, тотчас сливать его в бочки, чтобы не перекис.

Светлый мед сытить. Если же светлый мед сытить, то выбрать светлую патоку чистую, да мутовкой сильно взбить патоку, чтоб не осталось мелких кусочков меда. Сам мед вчетверо больше разбавляют водою-чуть теплой; на каждый пуд раствора положить по четверти меры хмелю, да дрожжами заквасить, и лишь мед закиснет – дрожжи снимать с меду ситом дочиста, а как поспеет-в бочки сливать.

Паточный мед сытить. Чтобы паточный мед сытить, взять нужно впятеро больше патоки и на медовом взваре развести водою чуть теплой, да начисто процедить, да в мерник сложить, а заправки добавить — на каждые три пуда по мере хмеля, да дрожжами заквасить; а лишь мед закиснет-дрожжи снимать с меду ситом дочиста, и как поспеет — сразу сливать.

Простой мед сытить. А для простого меду сырцу взять вшестеро, развести водою чуть теплой, да процедить чисто, да положить в мерник, да сразу же сыпать на каждый пуд по полумере хмелю, да дрожжами заквасить; а лишь мед закиснет — дрожжи снимать с меда ситом дочиста, и как поспеет — сливать в бочки.

Боярский мед сытить. Чтобы боярский мед сытить-снять воск до патоки, а патоки взяв вшестеро больше меда, разбавить горячей водою и тут же положить на каждый пуд по мере хмелю, да заквасить дрожжами, процедить же чисто, чтоб не осталось воску, а в мерниках квасить неделю и в бочки слить; а в бочках стоять им неделю же, и мед тот сцедить с дрожжей да положить в другую бочку, уже без дрожжей, подсытив патокой.

Как ставить мед с пряностями. А с пряностями ставить меды — с мускатом и с гвоздикой — так отбавлять мед простой в маленькие бочки и подсытить тот мед патокой, а пряности, растерев мелко, ссыпать в мешочки полотняные и те мешочки в бочонках положить в мед, закрыв отверстие накрепко. чтобы из бочек запах не шел.

Правило, как ягодные меды ставить. А ягодный мед ставить — какие ни будут ягоды, положить те ягоды в котел, да вместе с ягодами положить в котел и кислый простой мед, так чтобы ягоды в котле проняло-только не дать бы ягодам в котле пригореть; и варить в котле ягоды с медом долго, пока не разварятся ягоды, оставить их на ночь, чтобы мед ягодный отстоялся от гущи начисто, а после слить мед ягодный в бочки, какой пожелаешь и каким густым получишь тот ягодный мед. А станешь мед ягодный в бочки сливать, пусть там и мед был – не важно, лишь бы в тех бочках дрожжей не было.

О морсе ягодном. Готовить простой морс ягодный можно из любых ягод. Сложить ягоды с водой в котел так, чтобы проняло их, но к котлу бы не пригорели, да варить в котле ягоды с водою долго, пока не разварятся ягоды, и на ночь их ставить, чтоб отстоялся морс ягодный от гущи начисто, затем слить тот морс ягодный с гущи и разлить его по бочкам, в которых не было дрожжей.

Как сытить простой квас медвяный. А сытить простой квас медвяный просто: взять меду патоки вчетверо да процедить через сито начисто, да положить в сосуд, а заквасить простым калачом свежим (без дрожжей) и лишь закиснет – сливать в бочки.

О приправленном пиве. Нужно пиво простое крепить, то так: сварят пиво, оно устоится в бочке, тогда с дрожжей сцедить это пиво и в другую бочку слить без дрожжей, да добавить ведро пива в котел, да меду добавить в котел на каждое ведро, смотря сколько в той бочке пива-на гривенку больше патоки. Да варить ту патоку с пивом в котле до кипения, чтобы патока с пивом смешалась, да остудить на холоде, да разлить то пиво с патокой в бочку.

Делать мазуни. Редьку, какая крепка да ядрена, резать на тонкие ломти, вздеть хвостиками на нитку да вывялить на солнце или в остывающем жару (после выпечки хлеба у печи повесив), чтоб друг друга не касались ломтики. А как все высохнет и места сырого не останется, насухо протереть да истолочь и просеять сквозь мелкое сито, положить в горшочек всю, сколько получится муки редечной; в то же время патоки светлой сварив, некислой (только вскипит-пену снять дочиста) – положить в редечную муку вскипевшей патоки столько же, сколько есть и муки. Да не забудь мускату, гвоздики, перцу и шафрану по вкусу, чтобы не было ничего чересчур, чувствовалось бы, но в меру. Затем запечатать все в горшке тестом, парить в печи два дня и две ночи, тогда и в сладость все; если же получится жидко, добавь редечной мучки и разбавь до густоты, какая бывает у пластовой икры.

По-царьградски редьку делают так: протереть сквозь решето редьку сырую да в воде замочить ненадолго, да отжать, да варить в воде, да сбросить на сито или на решето, чтобы вода стекла. Если будет горячо, водой студеной облить да отжать над ситом досуха, да снова варить в воде, да опять отжать, как и прежде. Сушеную редьку истолочь, в трех водах ее варить; а если какая в катышках осталась – ту и помельче протереть сквозь частое решето, и отжать дочиста, чтобы воды не осталось. И патоки положить и перцу и прочих приправ по вкусу, чтоб было не горько, но чувствовалось бы, да и обжарить; если же хочешь сготовить жидким, редьку нужно протереть сквозь редкое решето и варить, и так же отжать воду, и мед развести водою, воды налить в треть, а перцу класть меньше, чем если она в катышках.

66. Правила о всех овощах различных, как их обрабатывать и готовить

О редьке. Как готовить редьку: истолочь или натереть на терке, обвялить да замочить на три дня, отжимая в трех водах, да положить в нее патоки с пряностями.

Об арбузах. Как арбузы хранить: просеять известь через мелкое сито, приготовив щелок, а потом не сразу варить, чтобы очистился полностью. Взяв арбуз, нарезать его на доли, а семечки с мякотью вырезать, оставить с два пальца от кожуры да чуть-чуть зеленого, немного толще бумаги, срезать. И положи это в щелок. Так держать до тех пор, пока не настанет время щелок менять и положить в другой; и опять держать столько же. Потом же, взяв патоки, варить на тихом огне и пену чисто-начисто ситом снимать. Когда не останется пены – значит поспела патока, но еще в горячую нужно добавить пряностей: перец, инбирь, гвоздику, корицу, цвет мускатный или мускат,– и доварить. Чтобы патоку не пережечь и если нужно добавить арбузов – клади их в патоку, а не патокой их заливай.

Иные же советуют варить арбузы в известковом щелоке и, остудив, положить в вареную с пряностью патоку. О дынях. А дыни, разрезав дольками, очистить тонко же, и мякоть вырезать вполовину да подержать в щелоку день и ночь. Да клади ж в такую патоку, какая с пряностями, постоянно их добавляя, поворачивай дольки внутренней частью вверх.

А иные говорят: когда патока с дынями станет жидкой, нужно ее отливать да добавлять другой,– может быть, через неделю. Когда же патока станет густеть и будет почти готова, добавить в патоку пряности: перец, инбирь, гвоздику.

О яблоках кузьминских. А яблоки кузьминские, целые и не битые, без червоточины, в бочки класть ,ю одному, да хвостиком вверх, а хвостики отрезать, да заливать бочку сытой паточной, взяв ее втрое больше, чем яблок.

О наливных яблоках и простых. А налив и простые, какие сами чисты и не побиты, класть в небольшие бочки ведер по пять, каждое яблоко брать руками: потом залей сытою паточной, взяв ее вчетверо больше; а у бочки отверстие раскрыть бы пошире, чтобы кислый выходил запах.

О вишневых плодах. Ох и сладки бывают вишни, в патоке перепущенные!

О можайском яблоке. А бель можайскую чистую, если яблоки не побиты, да груши и дули, в патоке же перепущенные без воды, класть в корчаги смоленые.

О левашах из всяких ягод. Как делать леваши ягодные из черничных и малиновых, и смородиновых, и земляничных, и брусничных, и прочих ягод: варить те ягоды очень долго, а когда разварятся, протереть через сито да с патокой упарить до густоты, а выпаривая, беспрестанно помешивать, чтобы не пригорело. Когда хорошо загустеет, лить на доски (а доску заранее смазать патокой), глядя, как сядет; и в другой и в третий раз подливать. Если же не сядет на солнце, то рядом с печью сушить, если же сядет сразу заворачивать в трубки.

О пастиле яблочной. Как яблочную пастилу готовить: яблоки – в сыте, взятой вчетверо больше, да чтобы их пропитала сыта побольше; парить долго, да, протерев через сито, добавить побольше патоки; пока паришь, нужно помешивать беспрестанно и уминать, а когда загустеет, слить на доску, натерев ее патокой (да трижды пропитать доску патокой), а как смешается, слить в сосуды, но обязательно луженые медные (по-нашему, то – творила), также обмазав патокой. А из творил уж сбрасывать их как творог на блюдо и подавать к столу.

[Об уксусе. Уксусу взять – после сусла патоку (да из доброго сусла брать!), квасить четыре недели, а то и дольше, на печи, и класть в тот уксус медовой патоки с гривенку или больше, да гороху немного, да пшеницы ковшик добавить, а еще и клюкву кладут и дубовую кору, а иногда и железо.

О сбитне. Сбитень делать так: вина пузырек, уксуса пузырек, пива пузырек, перцу четверть, фунт патоки, три гривенки вина заморского, у кого как случится – столько и положить; сразу же с медом и варить, чтобы не убежало. Как только сварится, пускай устоится, и тогда слить в посуду.

Книжица сия пишется – в ней потребность в радости: какому человеку Бог в жизни попустит, тому и нужно в нее заглядывать, ведь душа беспокойная подвержена всяким желаниям.

И еще, как пиво варить. Взять солоду ячного четвертушку да ржаного солоду полумеру или овсяной муки полумеру и растереть как следует муки гороховой четвертушку – и это тоже неплохо, тогда гарь от солода отойдет и сырость исчезнет. Кому же нужно пивцо для веселья, те пусть сусло спустят, добавят в сусло полведра вина – по потребности судя, и если прокиснет вино в сусле – в пиве уже не заметно этого. А в то время, когда закипит твое пиво, в ту же пору готов был бы хмель, и тот хмель бросить в кадь с кипятком, да окатить его нужно ковшом – другим, и укутать рогожкой крепко-накрепко, тогда потихоньку хмель и пропреет. А как станет доходить пиво – укрой его плотно, чтобы запах не выходил.

Варить же пиво и мед сытить, и вино курить лучше на первой четверти месяца молодого – очень густое тогда вино и крепкое. А пиво поспеет, сливать его в бочки, ибо и лучше и вкуснее то пиво, которое сразу же сливают и захолаживают в бочках; то же, какое сначала разольют по мерникам, не столь хмельно да не так и вкусно...

Записки другого извода на весь год: столовые блюда подают в Успенский мясоед

Заяц простой подается всегда, голова свиная под чесноком – с Покрова, буженина – с самого богородицына поста; между постом до Семенова дня – ножки говяжьи, тетерка под шафраном. С Покрова – потрох лебяжий, с шафраном и с тапешками, шейка лебяжья с шафраном, а даются к нейтапешки (по-нашему тапешки зовутся калачами) – в масле жареные ломтями. А гуся дикого – подают так же, как и лебедя; гусь откормленный подается с Покрова, журавли с подливой шафранной подаются с Покрова, цапля с подливой шафранной подается с Покрова, утка на вертеле с простой подливой подается с Покрова, грудинка баранья на вертеле с шафраном подается до Семенова дня, вырезка говяжья на вертеле подается до Семенова дня, язык на вертеле под простой подливой – до Семенова дня, требуха свиная жареная с простой подливой подается с Покрова, почки заячьи с простой подливой всегда подаются, похлебка из бараньих потрохов да зайчатина заливная подаются всегда, куры с рисом в шафране, зайчатина в лапше, зайчатина с репой, куры в лапше, осердье, бульон мясной (делается из грудинки говяжьей или лосиной), потрох гусиный, похлебка куриная или тетеревиная или утиная, сахарные пироги делаются с рисом, подовый пирог мясной готовится с блинами, большие пироги кислые жарят в масле с сыром, большой пирог подовой – с блинами и творогом, оладьи большие подаются с медом, большой каравай блинчатый, пироги пресные готовятся с творогом, а пироги и караваи подаются между разными похлебками, потом и вяленая говядина с чесноком, куры вяленые, свинина, а уж после всех блюд – оладьи сладкие.

Рыбные блюда в богородицын пост. Подается капуста кислая с сельдью, икра различная ставится рядом, белужья спинка вяленая, лососина с чесноком подается дольками, осетрина шехонская, белорыбицы, семга вяленая, спинка осетровая, спинка стерляжья, сельдь на пару, щуки на пару, стерлядь на пару, лещ на пару, спинки семужьи, спинки рыбицы и спинки всякой рыбы вяленой подаются.

После свежей ухи студень со специями: уха простая из запеченых окуней – остудить ее, уха простая горячая, уха щучья, уха стерляжья, уха карасевая, уха окуневая, уха из плотиц, уха из лещей, тавранчук осетровый, а в промежутке между различными видами ухи подается рыбный каравай, и стерлядь, и кусками рыба.

Пироги. Пирожки в ореховом масле, жареные с горошком, оладушки в ореховом же масле квашеные, пироги подовые квашеные с горошком, пироги с маком большие жаренные в конопляном масле с горошком, да большой пирог с маковым соком да сочнями, пирог с вязигой большой, пирог с сигами, пирог сомий, пирог с сельдями, пирог с сочнями, а внутри переложен блинчиками.

Из заливных: щука под чесноком, окунь заливной, щука свежесоленая, белужина вяленая заливная, белорыбица заливная в подливке, осетрина заливная в подливке, лососина заливная в подливке, семга в подливке заливная, сиговина в подливке заливная, лодожина в подливке заливная. А после Семенова дня не подают сушеной рыбы, зато добавится с Семенова дня караваев, поросят, уток мясных, а с Дмитриева дня добавятся различные студни.

А на Великий пост среди мучного постные блюда: блины да луковники, да левашники, да пироги подовые с маком, да кисели, и сладкие и пресные.

А сладкое – в какие дни доведется: ломти арбуза и дынь в патоке, яблоки в патоке, груши в патоке, вишни, мазуни с инбирем, с шафраном, с перцем, патока с инбирем, с шафраном, с перцем, напитки медовые и квасные простые с изюмом да с пшеном, шишки, пастила из различных ягод, редька в патоке.

По субботам и по воскресеньям на Великий пост подаются: икры – икра щучья, икра паюсная, икра осетровая свежая, икра осенняя; рыбья печень – печень щучья простая, печень щучья светлая, печень осетровая и белужья, сухие и сырые; кашки – с лососем, с судаком, со стерлядью, с осетром, с белужиной; мучное – кбаники, сушеные рыжики, рыжики в масле, жареные пироги с пшеном, с вязигой и с горохом, караси и с рыбой и с пшеном, и с вязигой, левашники, луковники, блины с маковым молочком да с маслом, колобок с икрой с осетровой, икра вареная в уксусе и в маковом молочке да пироги с икрой.

В Пасхальный мясоед к столу подают: лебедей и лебяжий потрох, журавлей, цапель, уток, тетеревов, рябчиков, почки заячьи, жареные на вертеле, кур заливных, желудок, шейку, печень куриные, баранину заливную, баранину печеную, пироги подовые с бараниной, похлебки куриные с шафраном – черную и светлую, пирог подовый, оладьи, сдобу, жареные пироги кислые, солонину простую с чабрецом, полотки, языки, лосину, жареные пироги с яйцом и с творогом, и сырники с яйцом и с творогом, зайцев, запеченных в латках, зайчатину заливную, лапки заячьи, заячьи пупки, кур, жаренных на вертеле, потрошок, желудок, печень куриные, жаворонков, потрошек бараний, сандрики, свинину, ветчину, карасей, сморчки, кундумы, двойные щи.

А к ужину подают: студень, рябчиков, зайчатину печеную, уток, рябчиков на вертеле, тетеревов, баранину, полотки, зайчатину заливную, кур на вертеле, свинину, ветчину.

В Пасхальный же мясоед по постным дням к столу подают: сельдь на пару, лососина сушеная, белорыбица сушеная, осетрина сушеная, спинки стерляжьи, белужина сушеная, спинка осетровая, спинки белужьи, спинки белорыбицы на пару, лещи на пару, уха шафранная, уха черная, уха щучья, уха окуневая, уха из плотиц, уха из лещей, уха из карасей.

Из заливных: белорыбица свежая, стерлядь Свежая, пироги с пшеном да с вязигой и с горохом, караси с пшеном да с вязигой и с рыбой.

В Петров пост к столу подаются: сельдь на пару, сушеная рыба: лососина, белорыбица, осетрина, спинки стерляжьи, хребты белужьи, спинки осетровые, спинки белужьи, спинки белорыбицы на пару, уха щучья с шафраном, ухи щучьей черной векошники, окуни запеченые, векошники плотичьи, уха пескарева, уха лещовая, уха из карасей, тавранчук осетровый, тавранчук стерляжий. Из заливных: белорыбица свежая, стерлядь свежая, пироги с пшеном да с вязигой и с горохом, караси с пшеном да с вязигой и с рыбой, стерлядь свежесоленая, осетрина свежая, осетрина соленая, щучина свежесоленая, головы щучьи с чесноком, гольцы, стерлядь вяленая, осетрина шехонская, осетрина косячная, грибы вареные и печеные, и весенние, щи и раки.

В Петров мясоед к столу подаются: лебеди и потрох лебяжий, журавли, цапли, утки, полотки, заячья вырезка на вертеле, языки говяжьи на вертеле, грудинка баранья на вертеле, куры заливные, желудок да шейка куриные.

67. Свадебный чин

Приготовить место и место обить ковром, на месте положить подушку атласную или золоченого бархата. У места двум людям держать по сорок соболей. У места же поставить стол, на стол постелить две скатерти, да поставить на них посуду, положить пироги и калачи на блюде, выставить сыр да разложить пироги, какие уже нарезаны, а на другом блюде приготовить хмель для осыпания молодых, денежки золотые и новгородки золоченые, да девять соболей, да камки и тафты разные; а на третьем блюде положить платки, на четвертом блюде поставить кику, да положить под кикою назатыльник да подубрусник, да волосник, да покрывало положить, да поставить чарку золотую или серебряную, а в чарку меду налить чуть-чуть да с хмельком, да две маковки, да гребешок положить у кики на блюде, а в стороне у места поставить две скамейки маленькие; на одной скамейке сидеть тысяцкому, на другой – свахе. Да у места стоять двум людям, держать поднос с караваем да с сыром, атласом накрыв или бархатом золоченым; а рукоятки подносов и шлейки обшить камкой или атласом. Третьему же человеку держать свечу в кошельке, кошелек атласный или золоченого бархату, а и шлейку его обшить атласом же. Двум же другим держать фонарь. И все те люди – в кафтанах и в терликах в бархатных и в камчатых, и в золотных атласных да в шапках из черной лисы.

И как только новобрачный прибудет с поездом, каравайники и свечники с фонарем подойдут также и если, даст Бог, новобрачный сядет на место, то, посидев немного, сваха встанет да благословится у отца и у матери – новобрачному князю и княгине волосы чесать[99], да возьмет соболей, которых держали, и обнесет соболями теми вокруг голов новобрачного князя и новобрачной княгини трижды. А дружку благословляют тем временем пироги и сыр резать и подносить всем сыр и каравай: отцу и матери, новобрачному князю и княгине, всем поезжанам и посаженым,– всем, кто будет в избе. Да послать с караваем и с сыром к отцу и к матери новобрачного князя, а если из посаженых кто будет у новобрачного князя дома, и к ним посылать также с сыром и караваем. И если, Бог даст, на новобрачную княгиню наложат кику и накроют покрывалом, то встанет сваха, благословится у отца и у матери осыпать новобрачного князя и новобрачную княгиню, а дружка понесет тем временем новобрачному князю и всем поезжанам платки на блюде; да к отцу и к матери новобрачного от новобрачной княгини послать человека с платками же, и если, Бог даст, новобрачный князь и княгиня встанут с места и вступят в сени, в то время расстилают камки и тафты, по которым идти новобрачному князю к аргамаку, а новобрачной княгине до саней. Новобрачной княгине следует ехать к венчанью в санях, а «сани обить атласом или тафтою, а в сани положить подушку бархатную или перину золоченого атласу, да в сани постлать ковер и перину сукна красного; а у саней держат сорок соболей, и когда новобрачная княгиня пойдет к венчанью, тех соболей положить на месте ее в санях. А когда новобрачный князь у церкви сойдет с аргамака, новобрачная княгиня вйыдет из саней, стелют камки и тафты до церковных дверей им под ноги также. И во время венчанья разостлать под ноги новобрачного князя и княгини камку или золоченого атласу да положить им под ноги двух соболей.

И как только после венчанья пойдет новобрачный князь к аргамаку, а новобрачная княгиня в сани, то расстилать перед ними все в том же порядке. Когда сойдет новобрачный князь с аргамака, а новобрачная княгиня выйдет из саней и пойдет на место свое за столом, тогда под новобрачного князя и под новобрачную княгиню расстилать точно так же; когда же встанут из-за стола и пойдут из горницы, расстилать перед новобрачным князем и перед княгинею так же. А как приедет новобрачный князь к себе на подворье и сойдет с аргамака, а новобрачная княгиня выйдет из саней, расстилать перед новобрачным князем и перед княгиней до сеней все так же.

Другой порядок свадьбы. Когда приедет князь молодой во двор за посад, княгиня бы на месте сидела, а сваха бы сидела подле нее, и отец и мать, и бояре и боярыни сидели наготове. А князя бы молодого бояре приглашенные встретили во дворе, а как князь молодой войдет в горницу, в ту бы пору отец и мать, и сваха, и боярыни встали, а княгиня сидела бы на месте и не вставала, да прикрылась бы она камкою. И князь молодой сядет подле нее, а отец и мать, и тысяцкий, и бояре сядут по своим местам и немножко посидят; и дружка, придя, благословится у отца и у матери, да и сваха бы встала тоже, хотя в те поры свахе не говорить ничего, из-за стола не выходить же, а кланяться с иконой на все четыре стороны, как и дружке. Потом снимет дружка покрывало с блюда, и завесят покрывалом княгиню от князя молодого; а закрыв, шапку с княгини снять и через занавеску расчесывать свахе у князя молодого волосы гребнем, а потом и княгине молодой волосы расчесать трижды. И пока начнет сваха князю и княгине волосы зачесывать, в те поры бы дружка сыр ломал да караваи резал. И когда расчешут волосы, молодой княгине расплести косу и заплетать ей косы, а наряжать молодую княгиню и, нарядив, обернуть покрывалом (а на покрывале нашит крест), и, закутав, и дружке и свахе кланяться образам, благословиться у отца и у матери, и осыпать молодых, а после осыпания платки давать; и уж после того священник обручает князя и княгиню. В сенях же поставить поставец и питье, а слуги бояр в сенях сидят, и потчевать их питием.

Когда происходит сговор, жених в нарядной одежде приедет со своими родственниками к тестю во двор, а с ним должен быть отец или старший брат, и этот первым входит – один, а все остальные – после. Встреча же происходит у коня или на крыльце или в сенях, и встречает тесть, а затем садятся по чинам за стол: кто приехал с женихом – на лавке, а все здешние – на скамье. И когда тесть поднесет лучшие вина в кубках, станет говорить тот, кто приехал с женихом, отец или старший брат, тестя назвав по обычаю полным, именем: «Время нам начать говорить дело, зачем съехались». И тесть велит священнику «Достойно» говорить, и тот вспоминает праотцев Авраама и Сарру, Иоакима и Анну, и царя Константина и Елену[100]. После благословения крестом станут и говорить и писать договорные записи и рядную грамоту[101], улавливаясь, и сколько за договор и чего приданого, а как подпишут и закончат записи, скажет священник: «О тебе радуется...»[102]. И, закрепив всё подписью, все берут по чаше меду, друг друга поздравляют и грамотами меняются.

Тогда же и подносят дары: тесть зятя одаривает первым благословением – образом, кубком или ковшом, бархатом, камкой, сороком соболей. Подносит дары тот, кому поручил это тесть, а потом целуются и чаши пьют, и поздравляют: сначала – жениха, а потом и тестя. Затем пройдут в другие хоромы – к теще и к ее боярыням, и теща спрашивает отца женихова о здоровье и целуется через платок и с ним и с женихом, да и со всеми так же: и боярыни тоже.

А невесты тут не должно быть; у простых же людей в обычае – и невеста тут; стоят они подле матерей, но не целуются и быстро удаляются. Пируют все с удовольствием, но большого стола – не бывает.

Назавтра же или немного позже, как сговорятся, приезжает к теще мать жениха и смотрит невесту, тут и ее одаривают камкою и соболями, а она даст невесте перстень да назавтра пришлет с боярыней крест или панагию да фруктов; такую боярыню одаривают обычным платком и волосником.

Как только назначат день свадьбы, накануне гостей распишут, и пошлет жених к тестю список всех, кто будет – посаженые отец и мать, и кто приглашенные бояре и боярыни, кто тысяцкий и поезжане, и дружка, и сваха. Да и тесть пошлет к жениху сказать, что приглашенные бояре и боярыни, и дружка, и сваха; с обеих сторон тут съезжаются, перебирают наряды, лошадей, а невесту положат за занавеской на кровати.

И как наступит назначенный день, съедутся со стороны жениха и невесты все, кто назначен к столу. Столы же дают отдельно, боярыни – себе; а жених с невестой не едят. У жениха говорят каноны[103] и у невесты также. А как настанет время, пошлют старшего слугу от тестя к жениху сказать, что дружка и сваха едут с постелью: «Велите показать сенцы и куда заезжать» – обычно в подклеть[104]. Ему укажут, и он, осмотрев место, куда приезжать, то перескажет.

Дружка поедет весь в золоте, и перед ним человек пять или шесть на конях в золоте, да у коня около него пеших людей с десяток в нарядном платье. А за дружкой повезут постель в санях с передком, а летом – изголовьем к облучку, накрытое одеялом. А в санях две лошади сивые, а около саней боярские слуги в нарядном платье, на облучке же станет постельничий старший в золоте, держит святой образ[105].

А за постелью следом поедет сваха в наряде, а наряд бы был: желтый летник, красная шубка, а еще в платке и в бобровом оплечье. А будет дело зимой – так в меховой шапке; и в санях с передком же сядет она одна. А как только приедут во двор, и конные слуги с лошадей сойдут наземь и пойдут поперед дружки во двор по двое в золоте; дружка же въедет во двор на лошади, но, не доехав до лестницы, с лошади сойдет и дождется саней с постелью. Как с постелью подъедут к лестнице, встретит постель женихов дружка и слугам жениха повелит ее взять, и те, толпою к саням подступя, приезжих слуг оттеснят и вынут всё из саней на ковре и понесут на головах.

А здешние боярыни встретят сваху у самых саней в летниках да в шубках, и с ними сваха пойдет за постелью, сразу же вслед за святым образом. На нижнем крыльце встречает ее женихова сваха, а за нею боярыни здешние тоже в шубках. И пойдут оба дружки впереди постели, а свахи обе вслед за постелью; как в сенцы войдут, священник окропит по углам святою водой и то место, где быть постели. Да приготовят три по девять снопов ржаных, поставят стоймя, а на них ковер и постель, и сверху накроют одеялом. В головах же поставят образ, а по четырем углам на прутьях по паре соболей да по калачику крупичатому, да поставец, а на нем двенадцать кружек с разным питьем, с медом и с квасом, да ковш один, да чарку одну же, чтобы была она гладкая и без выступов, или братину круглую без носка. Да тут же накрыть и стол, застелив фатою, там, где быть в головах свечам и караваям, да маленький столик повыше него, на два блюда под крест, что будет на женихе, да под монисто, что будет на невесте, да две миски, одна для колпака или шапки, а другая для кики. А в ногах постели накрыть стол, на котором платью лежать да в одном углу закрыть занавеской, а за ней пуховик на ковре да изголовье, большой кумган кипяченой воды, два таза, большая лохань да две простыни. Тут же приготовить и два халата, мужской и женский, рукомойник, лохань, полотенце, две шубы нагольные. И все то так приготовя, дружки и свахи сначала всех отошлют, затем и сами выйдут, а сенцы запрут и запечатают оба дружки двери своими печатями. И оставят тут перед сенцами постельничих двух из старших слуг в золоченом платье, а сами дружки и свахи уйдут; и пребывать им, постельничим, без еды и питья.

И дружка и сваха невесты поедут к тестю во двор, а провожают их – дружка дружку до коня, а сваха сваху до нижнего крыльца, здешние же боярыни – до саней. А в комнаты приезжие дружка и сваха не входят, приглашенные бояре и боярыни не встречают их, не провожают. А в то время, когда готовят постель, людей, что приедут с постелью и с дружкой и со свахою, потчуют во дворе, накрыв им столы и поставив скамейки. А как дружка и сваха, проводив постель, к жениху вернутся, у жениха в комнатах накрыт уже стол большой, и посуда, и хлеб, и калачи одни и те же для всех, вплоть до самого последнего гостя. И сядет отец на конце стола, а тысяцкий в углу, на почетном месте жених и рядом с ним мать, а за нею званые боярыни: на всех летники желтые и шубки красные, в платках с бобровыми оплечьями, а зимой – в меховых шапках. Напротив боярынь на скамье бояре(114) званые, а за боковым столом и на лавке и на скамье поезжане в золоте; свечник – подпоясан, ферези спущены, кафтан золоченый или цветастый, шапка горлатная, через плечо бархатный или камчатый кошелек или кушак, которым свечу держать, а сама свеча – пуд с четвертью; два каравайника, также ферези спущены через плечо, по два кушака, каравай обложен бархатом или камкой на подносах, подносы обшиты бархатом или камкою, накрыты караваи наволочкой или златотканым кушаком. Тут же поставец полный, а другой в сенях. А лошадей держать готовыми в упряжи, цепи гремучие под золочеными покрывалами. И лишь только, приготовясь, дружку пришлют и он, поклонившись на четыре стороны, подойдет к свекру, тот посылает с дружкой поклон от себя свату, да и тысяцкий (имярек), и бояре, и весь поезд, и дружка уедут. А перед ним бы также человек пять или шесть на конях верхом и в золоте, да и рядом с конем пеших людей в нарядных одеждах не мало.

А приедет дружка на двор, так люди его с лошадей сойдут за воротами и идут во двор перед ним пеши. И здесь также приготовят большой стол и также у задней стены, скатерть, посуда; тесть на конце стола, а теща на лавке, а за нею званые боярыни, а напротив них на скамье званые бояре. Да наладить место посреди избы напротив дверей, разложить две подушки нарядные, для новобрачного и новобрачной, да стол, и на столе две скатерти, посуда, калач, пироги, на столе же на блюде каравай, а на другом сыр; у другого конца места тысяцкого, а рядом с невестой места для двух свах, напротив новобрачного и новобрачной на скамье двое или четверо из поезжан, а против свах дружки, а в самом конце за мисками место попу. А около места и за местом здешние боярыни: одна держит на блюде кику, другая – покрывало на блюде, третья – также на блюде – волосник, подубрусник и прочее, четвертая то, чем осыпать новобрачных, на блюде: три девять хмелю, лоскутков собольих три девять, лоскутков разного цвета камки и тафты три девять, монеток серебряных да золоченых маленьких горсть.

А остальным поезжанам стол боковой, но и он заполнен: свечник опоясан, ферези спущены, шапка горлатная или рысья, кошелек для свечей бархатный или камчатый, а свеча – пуд без четверти; да два каравайника, так же опоясаны, ферези спущены, по два кушака через плечо, а сам каравай лежит на камке или тафте и накрыт наволочкой или золоченым кушаком. Да и в сенях накрыто, а на дворе столы без скатертей заставлены штофами с вином, и скамейки, на которых пиво пополам с медом.

И как приедет женихов дружка, встречают его у ворот слуги и посреди двора, и у лестницы, а на крыльце дружку встретит другой дружка. Когда войдет он в избу и поклонится всем на четыре стороны скажет тестю: «А государь (имярек) велел челом ударить», поминает имя свекра и челом бьет. Потом же от бояр – тестю и боярам, потом теще от свекрови и от боярынь, и боярыням от свекрови и от боярынь, по именам называя, потом – «тысяцкий (имярек) и весь поезд велели челом бить тестю и боярам». А потом говорит: «Тысяцкий (имярек) велел передать: «Жених (имярек) готов ехать к месту». И тесть отвечает: «Как настанет время, мы дружку пошлем, и он поедет».

Когда приедет дружка к новобрачному, отпустят они сваху в санях с передком в наряде желтом; когда сваха приедет, встречают ее у саней боярыни здешние, а на крыльце сваха, когда же в избу войдет, боярыни из-за стола встают и с ней целуются, и идут с нею все туда, где готовится за занавеской невеста. А на невесте бы был венец, летник желтый, шубка красная. И сваха с нею целуется и говорит: «Время, государыня, тебе идти к свадебному месту». Тут и мать ее благословит и возложит на нее монисто или панагию и поцелует, а она станет плакать. И в это время поют песни(115). А как время настанет идти к месту, первой пойдет мать, а за ней новобрачная, с правой стороны поведет ее сваха старшая, приезжая, а с левой другая, своя, а за ними боярыни, и, войдя, кланяются невеста со свахами на все четыре стороны.

А тесть и теща и боярыни сядут за стол на свои места, и священник говорит «Достойно»[106] и благословляет крестом одну невесту и кропит святою водою свадебное место. А дружка тем временем отцу и матери ее говорит: «Имярек, благослови дочь свою на свадебное место». А отец и мать отвечают: «Бог благословит!» И тогда возжигают свечи перед образом, а священник готовит к обручению две свечи, вместе свитые, и как будет готов, посылают за женихом дружку, а тот приезжает во двор так же, как приезжал и с постелью, а тут его уже встречают.

Как только войдет дружка и поклонится на четыре стороны и бьет челом от тестя к свекру и боярам от бояр, и свекрови от тещи, и боярыням от боярынь, и тысяцкому, тут и говорит тысяцкому: «Имярек велел передать (именем назвав тестя) – время жениху ехать к доброму своему делу»,-и так сказав, к себе возвращается.

Лишь только уедет дружка, и тысяцкий с поезжанами, поднявшись, кланяться станут, и тысяцкий говорит отцу (имярек) и матери (имярек): «Хотели вы сына своего сочетать законным браком, так вам бы благословить его ехать к месту». И отец и мать выйдут с сыном своим из-за стола и поклонятся на все четыре стороны образам и скажут сыну своему: «Бог тебя благословит и помилует и даст тебе жену законную во здравии и в благоденствии» – и благословит его отец крестом и мощами на шнурке, и возложит на него собственноручно, а мать наденет перстень на палец. И пойдут из комнат, первым – дружка, поезжане по двое в ряд, которые помоложе – те впереди, а которые познатней – те после всех.

После всех выходит новобрачный, а справа от него тысяцкий[107]. И садятся на лошадей – сначала поезжане, и, пока новобрачный на аргамака сядет, они тем временем по двору на аргамаках и на конях носятся; и выезжают все со двора также по двое, в ряд, а за воротами перед ними поедут их слуги, все в золоте. И было бы у них у всех у стремени по слуге, затем свечники и каравайники, потом священник с крестом, а чуть-чуть поотстав, перед поезжанами – дружка, а рядом с ним слуги, потом поезжане по двое, а за ними слуги – кто с покрывалами и с попонами, кто просто так,– кто из поезжан скольких с собою возьмет, каждый слуга около своего. А перед новобрачным и перед тысяцким двое конюших идут в золоте с батожками, а за ними идут с конскими попонами. А возле новобрачного тысяцкого слуги идут в нарядной одежде; и как на двор приедут, тем же порядком и наверх пойдут.

Тут благословляет священник крестом, а встречает их от тестя один дружка, идет он перед новобрачным и перед тысяцким, а тесть и званые бояре их не встречают, но, в комнаты войдя, станут по обе стороны. А тысяцкий с новобрачным, войдя, станет кланяться лицом на четыре стороны, а дружка новобрачного снимет тем временем мальчика, что сидит с невестой на месте новобрачного, и говорит скороговоркой: «Аргамак тебе в Орде, а золотые на Угре»[108]. Священник благословит одного новобрачного на свадебное место, и тысяцкий сядет и поезжане по своим местам, а священники, местный и приезжий, повелят возжигать свечи у свадебного места. И поставят свечника от новобрачного против новобрачного, а свечника от невесты напротив нее, а каравайники вместе составят свои подносы, и тут начнут обручать, и после обрученья жених невесту целует[109]. И потом свахи, встав обе и не сходя с мест, кланяются на четыре стороны и говорят тестю и теще: «Имярек, благословите детям своим, новобрачному и новобрачной, голову расчесать», и потом их закроют, а сваха головы расчесывает и косу расплетает и кику накладывает.

А в это время старший дружка режет караваи и сыры с четырех сторон по ломтям, кладет на одно блюдо да ломти разрежет и сыры поломает, разложит по блюдам. И на первое блюдо, где горбушки, положит платок, поднесет новобрачному (имярек) и молвит: «Новобрачная (имярек) челом бьет – караваем и сыром и платком». Но тот возьмет лишь один платок и положит его себе, как и тысяцкому и поезжанам согласно росписи, а платки по договорным грамотам, и всякому на блюде – краюха каравая да сыра кусок да платок. Тут и тестю и теще и приглашенным боярам и боярыням – каждому – блюдо. Посылают со скороходами[110] к свекру и к свекрови и к приглашенным боярам и боярыням также на блюдах всем по куску каравая и сыра да по платку; и какие свойственники ни есть у новобрачного и у новобрачной, хотя они и отсутствуют, но караваи и сыр и платки им посылают. Когда же тысяцкий и поезжане караваи примут, поднимется тесть и поднесет вино тысяцкому и поезжанам, а прочим званым боярам велит подносить, да и слуг боярских потчуют тут, в комнатах и в сенях, на крыльце, на дворе и дарят платки, кому только тесть укажет.

А как новобрачную накроют и понесут в другие комнаты венец на блюде, в то время старшая сваха молодых осыпает, а тысяцкий встанет и новобрачного поднимет, священник начнет говорить: «Все упование мое...»[111] – а дружка просит благословения у тестя и у тещи: «Благословите детей своих идти к венчанью», и новобрачный, поклонившись тестю и теще по обычаю, возьмет невесту свою сам за руку и пойдет с нею, а поезжане перед ними в прежнем порядке.

В том же порядке поезжане садятся на лошадей, сначала новобрачный на аргамака, а новобрачная сядет одна к облучку в сани, а обе свахи напротив нее, здешних же боярынь к венчанию не берут. А когда венчаются, под ноги следует бросить пару соболей, отдельно – под новобрачного соболя, а под новобрачную другого. Чаша же при этом была бы без ручек, которую, выпив, затем разбить, вниз не швыряя, а просто выпустить из рук и осколки разбить ногою. И после венчания ехать к тестю на то же место.

И тут у коня и на крыльце встречают бояре приглашенные, и сам тесть в сенях встретит, и целуется тесть с новобрачным. А новобрачный от венчанья идет и держит невесту свою за руку, и поддерживает его тысяцкий, а ее – свахи. И как входят в сени, тут осыпает их теща, а как войдут в комнаты и, поклонясь, сядут по своим местам, тесть поднесет новобрачному вино, лучшие вина понесут, но тот отпробует сначала только горбушку и сыр. Прежде всего понесут по столам лебедя, поставят перед новобрачным, и тот, приняв, руку наложит да велит разрезать. И ставят на стол лебедя и посылают тестю и теще и приглашенным боярам и боярыням, по блюду раскладывая за косточку, да по кубку романеи[112], и подают птицу.

После третьего блюда встанет новобрачный, а с ним тысяцкий да один дружка, и станет звать, но говорить будет тестю дружка: «Имярек, новобрачный челом бьет, чтобы пожаловал завтра к нему пировать» – тещу приглашает также, званых бояр и боярынь по именам всех. А в то время, как дружка говорит, новобрачный кланяется в шапке нагольной. После приглашений дружка снимет скатерть верхнюю, блюдо возьмет, на котором горбушки и сыр, и, завернув, отдаст слугам своим и велит снести в сенцы.

А поезжане выйдут из комнат и станут садиться на лошадей; тесть же, взяв дочь свою и подойдя к дверям, назовет почтительно по имени зятя своего: «Судьбами Божиими дочь моя приняла венец с тобою (имярек) и тебе бы жаловать ее и любить в законном браке, как жили отцы и отцы отцов наших». Тот поцелует тестя в плечо и пойдет с новобрачной, и сядут на лошадей в прежнем порядке, а новобрачная в санях со свахами, и поедут к себе, как прежде.

А как вернутся во двор, сразу в сенцы идут, а проще сказать, в подклеть, и тут их осыпает свекровь; идти же им надо по постланному. Как только войдут, новобрачному и новобрачной следует сесть на постели, и тысяцкий, тоже войдя, с новобрачной покрывало снимет и молвит обоим: «Дай Господи вам в добром здоровье опочивать», а свечи и каравай поставят на нужных местах, колпак и кику положат на место.

А в это время станут служить вечерню, новобрачный снимает наряд, с новобрачной же всё снимают за занавеской. Тысяцкий со всеми поезжанами пойдет к свекру в комнаты, а в сенцах с новобрачными останутся двое дружек да две свахи, да постельничий; и каким ближним людям боярским и боярыням повелят, те и снимают с них платье. Новобрачный же на зипунок наденет шубу нагольную, а новобрачная в телогрее, да оба в шапках горлатных; потом они дружек и свах отпустят, оставив только тех, кто разует – а потом исполняет дело.

А тысяцкий и поезжане и дружка и старшая сваха войдут в комнаты к свекру и скажут тут: «Бог сподобил: дети ваши после венчанья легли почивать поздорову, и вот услаждаются». А другие дружка и сваха поедут к тестю и скажут, что молодые доехали и легли почивать поздорову. А два постельничих у дверей сидят неотступно, и как настанет новобрачному время, полежав и познав, он кликнет постельничего и велит позвать ближнюю боярыню, а сам, зайдя за занавеску и омывшись водой, набросит на себя халат да шубу нагольную. А затем пойдет новобрачная с боярыней или с двумя, и там обмоют ее, и обе сорочки замочат в тазах. И новобрачная также набросит на себя халат и шубу нагольную да велит позвать к себе дружку, а сам новобрачный сядет на большой постели, новобрачная же за занавеской на пуховике.

Когда же дружка придет, пошлют его к отцу и матери сказать, что, дал Бог, все в порядке. И те пошлют сваху, а потом придет и тысяцкий или кто-то из ближних родственников к новобрачному, а к новобрачной придет свекровь ил боярыни и родственницы и поднесут на руках кушанье, студень крошеный из птицы со сливами и с лимонами и с огурцами. Новобрачного кормит тысяцкий, а новобрачную за занавеской свекровь с боярынями. А дружку тем временем пошлют к теще и тестю, и тот, приехав, говорит, назвав полным именем: «Велел вам сказать новобрачный (имярек): Божиим милосердием и вашим родительским пожалованием и сохранением мы, дал Бог, справились, и на том на вашем пожалованье челом бью!» И тут поцелуется с дружкою гесть, подарит чарочку или ковшик, а теще платок. И с этой поры на обоих дворах наступает веселье и праздник.

А вот когда обручать и венчать, и вечерню в сенцах служить, да и назавтра, как выйдет новобрачная из бани, молитву и заутреню, и молебен, и часы говорить, – то все священнодейство по уставу и по желанию все нужно выполнить[113]. Когда свекровь и дружка и сваха из сенцов выйдут, жених с невестой что хотят, то и делают. А у сенцев и под крыльцом привязывают жеребцов и кобылиц, и жеребцы в ту пору, глядя на кобыл, ржут. А потом поезжане и званые бояре и боярыни, и дружки, и свахи с обеих сторон разъезжаются по своим домам, а родственники по согласию тут и ночуют, а свечи всю ночь горят. К утру же велят затопить бани.

Назавтра же дружки и свахи съедутся на обе половины, и от тестя пошлет младший дружка к старшему дружке слуг с банною утварью да и с простою, а из утвари медный котел с крышкою, два таза, два обычных ковша на полки, два простых для воды. И накажет: как проснется новобрачный, чтобы ему сказал, дружка дружке. Настала пора новобрачному встать, призовет он постельничего и велит дружке быть у него, а банщиков велит послать в баню. Как будет готово все, и дружка придет, молодой, надев башмаки да набросив на себя нагольную шубу и шапку пуховую, пойдет, закрывшись рукавом. Новобрачная же лежит в постели, накрывшись одеялом, но тут же войдет к ней сваха да здешние боярыни и станут ее поднимать. А в это время сурна заговорит и трубы заиграют, и бубны загремят; тогда, новобрачную подняв, набросят на нее белый летник, шубку золоченую обычную, шапку горлатную, и пойдет она, фатами укрывшись, в комнаты. А ей приготовят за занавеской постельку, и ляжет она.

А дружка пошлет к тестю во двор и велит сказать дружке же, что новобрачный пошел в баню, а новобрачная ушла. Тут и другая сваха к новобрачной поедет, а тесть дружку отпустит к новобрачному с банными дарами, и дружка в золоте поедет тем же порядком, а следом за ним в санях под полстью банные дары в коробах.

Приехав к бане, дружка разбирает и слугам дает держать на руках сорочку, порты, пояс с кошельком (а в кошельке золотые), подпояску, нижнее белье и четыги, башмаки, зипун, шубу нагольную, шапку кожаную. А прежде всего подадут в баню халат и башмаки. И съезжаются к бане поезжане, тысяцкий с товарищами, и приготовлены тут поставцы с питьем, кто пожелает — пьет, и слугам подают, и бубны бьют, а банщиков одаривают платками. Из бани же новобрачный в сенцы идет и тут отдохнет немного. А новобрачную в баню не водят, моют ее тут и, как настанет время, наложат на нее кику и наряд, да идут свахи с нею в сенцы, а новобрачный тем временем выйдет со всеми своими к себе в комнаты, и нарядятся они в золото. И по правилу обручения посадят новобрачную на постель, и свахи накроют ее покрывалом, а новобрачный со всеми поезжанами в полном наряде придет в сенцы и сядет подле невесты, а тысяцкий и поезжане рассядутся по чину. И входит тут свекор с боярами приглашенными и сына своего целует и здоровья желает ему в женитьбе, да невестку свою откроет и здоровья желает в замужестве, и все поздравляют. Тут же сыну своему да снохе своей по случаю вскрытия даст благословение, образа или кресты, или панагии, села вотчинные. И приносят тут петуха и кашу, и князь молодой откушает. И пойдут новобрачный с отцом и с поезжанами в комнаты, а новобрачная со свахами в другие комнаты к свекрови, уже не покрытая, и свекровь и боярыни тут целуют и поздравляют и благословляют крестами или панагиями и перстнями, а в то время готовят напитки и соки.

И как время настанет, сойдутся все в большой комнате, а на столе уже приготовлены фрукты — на скатерти без посуды и хлеба. И платье золоченое сложат, если летом — сложат охабни, а зимою — шубы нагольные, и боярыни — летники белые да шубки красные, в спусках сидят, а зимою в каптурах. И сядут свекор со свекровью в конце стола, а новобрачных посадят на почетное место, там же и свахи да приглашенные боярыни, а на скамье тысяцкий да званые бояре, а поезжане за боковым столом. Да понесут напитки, а от тестя приедет дружка с дарами и подносит их на блюдах, свекру сорочку да порты, да приговорит, назвав по имени: «Новобрачная (имярек) челом бьет»,— и тот примет, а новобрачная поклонится, и в то время все стоят. А свекрови – камка, а боярыням – по тафте, служка также подносит на блюдах и говорит, а новобрачная кланяется. На обычных же свадьбах свекрови тафта или дороги, а боярыням приглашенным по сорочке да по платку, да по волоснику, а тысяцкому и приглашенным всем боярам по сорочке да по портам, а поезжанам ничего не дается. А как откушают фруктов, принесут дары, и сына благословляет отец с матерью образами и платьем златотканым, и шубою, и сосудами, подводят и лошадей в нарядах, и жалует его людьми и вотчинами, а мать это все благословляет. А потом и сноху одаривают украшениями и платьем и посудой. И тысяцкий и званые бояре новобрачного и новобрачную одарят, кто чем пожелает.

А вернутся в свои комнаты и велят приготовить лошадей и, как время настанет, нарядятся в золоченое платье и отправятся во двор к тестю в том же порядке, что и на свадьбу ехали: священник впереди с крестом, да поезжане, да тысяцкий с новобрачным; как въедут во двор, у тестя бубны и трубы заиграют, тут и у тестя начинается встреча: слуги на дворе и у коня, и на крыльце. И встречают свойственники, а тесть встретит в сенях и целуется с новобрачным и с тысяцким и с поезжанами, а у тестя в комнатах за столом на почетном месте теща уже и приглашенные боярыни.

А на столе скатерть без посуды и фрукты. И встретит тесть с приглашенными, войдет в комнаты первым, и станут все по своим местам, и тут новобрачный войдет с тысяцким, перед ними один дружка, их, да другой, здешний, а поезжане идут за новобрачным. А теща чуть выйдет из-за стола и спрашивает зятя о здоровье и целуется с ним через платок, и боярыни приглашенные, подходя к новобрачному, все целуются через платок. И с тысяцким и с поезжанами также целуются — теща через платок, а боярыни некоторые и без платка. И садятся боярыни на лавку по чину, возле тещи сядет зять, а в самом углу тысяцкий, в конце стола тесть, на скамье приглашенные бояре, а поезжане за боковым столом, как и прежде.

За фруктами тесть подаст вина и принесут напитки, и едят фрукты, а как уберут фрукты, все переоденутся, и тогда внесут завтрак — полный стол. А боярыни в том же платье и — сидят: летники белые да шубки красные в спусках. И как перестанут подавать, новобрачный поднимется из-за стола, а с ним и тысяцкий, и дружка станет звать тестя и тещу и посаженых бояр и боярынь, называя по имени: «Новобрачный челом бьет, чтобы пожаловал ты сегодня — у новобрачного за столом быть и пировать», да, выйдя в сени, снова наденут золоченое платье и поедут к себе тем же порядком.

Приехав к себе, немного отдохнут, а в то время готовят стол. И как время настанет, новобрачную нарядят в главный наряд и пошлют дружку, чтобы позвал тестя и тещу и приглашенных бояр и боярынь к столу.

И тесть поедет в золоченом наряде и с ним приглашенные бояре также з золоте, по двое в ряд, а с ними и слуги возле коней пеши. И теща поедет в санях точно так же, и боярыни — в золоченых летниках и в спусках, в каждых санях по одной.

И подъедут к свекру во двор — бояре к лестнице, а боярыни — к другой, и тут встречают бояр бояре, а боярынь боярыни, на крыльце или в сенях, по знатности. А где будет стол, тут на столе и фрукты.

Раньше придут боярыни, и сядет на главное место теща, за нею новобрачная да свахи, затем и боярыни приезжие, и только за ними – здешние, а ниже всех сядет свекровь. Тесть же сядет на конце стола, подле него свекор, а на скамье приглашенные бояре приезжие, а под ними здешние бояре званые. Новобрачный же присядет возле отца, а тысяцкий и поезжане за боковым столом.

И как разместятся, выходит свекор и приезжие бояре, и кланяются свекрови и здешним боярыням и спрашивают их о здоровье, и целуются, а затем переменят платье, выйдя в сени. А как сядут они за стол, подносят им вина и фрукты и напитки, но потом фрукты уберут, разнесут еду. А новобрачный, поднявшись, потчует отца и тестя, и теще подносит в кубках питье, вина и лучшие меды. И как кончат к столу подавать, тесть встанет, а второй дружка начнет говорить свекру, назвав его полным именем: «Бьет тебе челом, чтобы пожаловал ты завтра у него за столом быть и пировать». И новобрачного, и званых бояр, и свекровь, и боярынь по именам дружка называет, а тесть кланяется, и новобрачный тестя и приезжих бояр потчует.

И как наступит время, принесут дары: кубок двойной или с крышкой, бархат или камка, и, налив в сосуды меду, станет говорить свекор тестю: «Дай, Господи, хорошо нам жить с детьми своими», назовет сына и сноху по именам – «с детками своими много лет!» А дружка старший в то время начнет говорить, назвав тестя по имени: «Челом бьет зять твой (имярек)!» – кубком, двойным, золоченым, бархатом такого же цвета да сороком соболей, и теще дары также объявляет дружка: братина или стопка, камка, сорок соболей, называя по имени: «Зять челом бьет, дары велит принять».

А боярыни пойдут с новобрачной к себе в комнаты и в то время, как ехать, нарядятся. И тесть, и теща, и приезжие бояре поедут к себе тем же порядком, а провожают их до лошадей, а боярынь боярыни до саней – и услаждаются по своим дворам, на обеих половинах наступает веселье. Дружки же и свахи дожидаются, как пройдут новобрачный и новобрачная в сенцы, и, положив их, разъезжаются по домам.

А назавтра готовят баню, и дружка от тестя приезжает с банными дарами, поменее прошлых: сорочка, порты, пояс, полотенце, – и что-нибудь еще пришлет. А как из бани станет выходить, то тысяцкий и поезжане приедут, и, одевшись в сенцах, пойдет новобрачный со всеми поезжанами в комнаты отцу и матери челом ударить, а у тех приготовлены фрукты в том же виде.

А за столом мать, новобрачная и свахи, и званые боярыни, и бояре на скамье, все садятся по чину, едят фрукты и пьют напитки. А в то время приедет дружка от тестя и зовет отца и мать, новобрачного с новобрачною, приглашенных бояр и боярынь, и его, попотчевав, отпускают, а сами, переодевшись, завтракают.

А у тестя приготовят столы по чину и фрукты, и, как время наступит, пошлют дружку звать к столу, и тогда отец поедет по правую руку от сына, а тысяцкий по левую, поезжане же перед ними по-прежнему в наряде, да и приглашенные бояре за ними также нарядно. А мать в санях в наряде, а напротив нее новобрачная, а боярыни приглашенные и свахи в санях по одной. А свахи садятся напротив приглашенных боярынь, которые едут первыми.

И приехав, входят в комнаты, и встреча бывает им всем по чину: тесть встречает свата и зятя, а теща встречает сватью и дочь. И входят все в комнату с фруктами на столах, и целуются приезжие бояре со здешними боярынями, и понесут вина и напитки, и едят фрукты. И как время наступит, боярыни пойдут в свои комнаты, и тут-то после сладкого начнут разбираться в приданом и рядные подписывают. А возникнет в чем спор, откладывают от другого дня. Потом же садятся за стол порознь: бояре особо, а боярыни в других комнатах. И после застолья тесть благословляет зятя образами и дарами: кубками и бархатом, и камками, и соболями, и лошадями в нарядах, и доспехами,— поздравляет. Чаши пьют со сватом и с тысяцким, а после застолья у поезда наденут на себя нарядное платье, и пойдут отец да новобрачный, да тысяцкий и старшие бояре к боярыням в комнаты, а с ними и тесть — благословляют дочь свою образами, платьем, сосудами, перстнями, именьем, придаными слугами. Потом теща благословляет зятя образами, платьем, сосудами, да дочь свою благословляет и одаривает нарядами и платьем. И потом поедут к себе тем же порядком и в нарядах, в остальные дни съезжаются и пируют, как пожелают.

Свадебный чин краткий

А в обычных случаях водится — кому по полному чину свадьбу устроить невозможно от недостатков ли или в порухе, так при сговоре приезжает новобрачный со своими к тестю и сговариваются: на сколько писать порядные грамоты, да что в приданое. Для посторонних запишут в рядную побольше приданого — в том и смысл договора, что его не взять; да и ради того поболее впишут, чтобы родичам показать все как есть да еще и лучше. Написав же рядные, друг дружку поздравляют я размениваются листами, и тесть зятя благословляет образом — если окладным пожалеет, так хоть и простым, да подарит атласу или шелку, а то и лук. Да идут потом к теще, и теща справляется о здоровье и целуется через платок, и невеста целуется со свекром через платок же. В иных местах и жених невесту целует — когда подносят ему платок от невесты. И потом разъезжаются.

В день, на который свадьбу назначили, жених с поезжанами, благословясь у отца-матери, из-за стола поедет прямо к свадьбе, но перед собою вышлет дружку и велит сказать, что новобрачный едет, так чтобы все было у них готово; спросит еще дружка – где новобрачному потом почивать, и осмотрит постели, и запрет покои, и приставит своего постельничего.

А у тестя в то время невесту посадят на свадебное место, а с нею сваха и родичи сядут по чину за всем столом. И на свадьбе за столом скатерть, на ней посуда, калачи, печенье на блюде, караваи, сыр, осыпало, убрус и иная одежда, покрывало. Да у тестя же наготове были бы тот, кто свечи несет и караваи подносит. Они явятся раньше новобрачного, и два каравайника – жениха и невесты – поднос с караваями поднимут и станут на свое место. Еще до приезда новобрачного люди в нарядном платье и те, кто несут караваи и свечи, за ними священник с крестом, дружка, поезжане, за ними новобрачный с тысяцким войдут в покои, кланяются по писаному. И, благословясь у тестя и тещи, садится новобрачный на место, а поезжане по чину, и священник обручает по уставу, а после обручения жених целует невесту. сваха, поднявшись, кланяется, просит благословения – у новобрачной и у новобрачного причесывать волосы.

А дружка в то время караваи и сыры режет и платки по блюдам раскладывает и подносит их новобрачному и тысяцкому, и поезжанам, приговаривая: «Новобрачная вам челом бьет». Тесть же потчивает тысяцкого и поезжан, подносит пития.

Когда же накроют невесту покрывалом – осыпает сваха зерном, какое приготовлено. Да еще когда встают из-за стола, к венчанью поедут и воротятся – опять на крыльце осыпают молодых и теща и тесть, а местные встречают на крыльце и в сенях, целуются с новобрачным и с тысяцким, и с поезжанами. Садятся за столами по своим местам, и тесть подносит вино, а потом подадут и кушанья, и все сидят за столом как хотят: кто встает из-за стола после третьего блюда, кто сидит не вставая, потому что никто никуда не едет, а жених ни тестя ни тещи к себе не зовет – вся свадьба тут.

А когда новобрачному идти к постели, тесть, у двери став, дочь свою выдает ему, величая зятя по имени полному: «Судьбами Божиими дочь моя венец приняла с тобою (имярек), и тебе бы постараться любить ее в законном браке, как жили отцы и отцов отцы наши». И жених в ответ поцелует тестя в плечо, и пойдут молодые со всеми в подклеть, и теща снова осыпает их, поскольку свекрови тут нет.

Идут же по настланному, а войдут в подклеть, тесть, посидев чуть-чуть на постели, подойдет и дочь свою откроет, да и уйдет к себе. Когда принесут петуха и каши и станут служить вечерню, с новобрачного снимают одежды, и все выходят. А когда через время новобрачный дружку пришлет сказать, что все в порядке, приходит теща их покормить, а кушанья несет на руках.

Назавтра же в положенное время идет новобрачный в баню, и в баню тесть посылает все банные дары, сорочки и порты. Из бани возвращается новобрачный в подклеть, и тогда у него собираются тысяцкий и все поезжане. Потом наступает время, у тестя приготовят фрукты, и все гостьи сядут за столом по чину, входит к ним новобрачный со своими поезжанами, а тесть и теща справляются о здоровье, целуются через платок и теща, и гостьи, и подносят всем вина и напитки. Через нужное время все выйдут переодеться к столу, а когда стол накроют, и садятся все за него по чину и по своему желанию, иногда с новобрачной за общий стол и с гостьями, а иногда и отдельно.

Закончится столованье, отдохнув, новобрачный вернется в подклеть со своими поезжанами, чтобы там отдохнуть, и забавляют их веселые люди[114] Новобрачная же – у матери.

Когда в свое время тысяцкий и поезжане разъедутся, новобрачный посылает за новобрачною, и ложатся.

И назавтра к бане опять посылают сорочку и порты, и снова возвращается новобрачный из бани в подклеть, а к нему сходятся тысяцкий и поезжане. Через некоторое время входят к тестю все вместе в покои на фруктовый стол, и тут наступает дележка, драгоценности и одежды из приданого смотрят, и сколько какая драгоценность или какое платье стоит — отмечают, когда же разделят все и подпишут рядную, этими рядными грамотами обмениваются.

Покончив с этим, идут в другие покои, к теще, а у нее уже новобрачная разнаряжена, и фрукты стоят, и теща вино подносит и зятю, и тысяцкому, и поезжанам. Фрукты и напитки отведав, выходят и, платье переменив, возвращаются — туда, где стол накрыт. А после стола подают заздравные чаши, и тесть зятю желает здоровья, благословляет его и дарит, что захочет. И только после всего этого поедут они к себе, кто откуда приехал, отец и мать на прощание дочь свою благословляют и одаривают, чем кто захочет.

Приезжает новобрачный в дом, к отцу своему и матери, а у них к тому времени собрались уж все родственники, все гости и гостьи. Новобрачный должен весть впереди себя послать, а когда приедут — новобрачный со всем своим поездом подходит к отцу челом бить, а новобрачная — к матери его. Там снимут с себя дорожный наряд и нарядят их по обычаю, и когда оде- нут — приходит отец, спрашивает сноху свою о здоровье и целует, а она подносит платок, свекровь же и гостий приветствует волосниками.

Потом подходит и новобрачный с поезжанами ударить челом матери, и мать спрашивает его о здоровье и целует, а потом все вместе садятся за общий стол.

Первыми сядут гостьи, а потом и гости, и тут понесут дары новобрачных отцу на блюде, сорочку да порты — и вручает дружка, а новобрачная кланяется, потом же и матери — камка или тафта, сорочка или убрус, потом и родичам сорочки и порты, а гостьям сорочки да убрусы, а не то так волосники,— все это вручает дружка, а новобрачная кланяется.

Потом же наступает застолье, по согласию — общее или раздельное. Но если в тот день поезжане вернулись поздно, то стол фруктовый, отдариванье и пир переносят на завтра, а не то так на третий день. После пира отец и мать поздравляют новобрачного, благословляют образами, одаривают чем случится сына своего и сноху свою. Потом поздравляют родственники, благословляют новобрачных образами, а гости одаривают новобрачную крестами или перстнями — и потом начинается пир.

О свадебном распорядке

Свечи готовят неравной величины, и большие и средние, а средняя свеча новобрачного весом в пять фунтов, в длину с три четверти аршина. Свеча новобрачной весом в четыре фунта, в длину до семи вершков. Порядком ведется: у новобрачной свеча покороче, потоньше, поменьше, и делают эти свечи по своим силам. Каравая также бывают два: один у новобрачного, а другой у новобрачной; и подносы присылают за ними от новобрачной и обивают их у новобрачной также, покрывало же сюда — от новобрачного, на нем нашивают крест. Подносы же под караваи делают у новобрачного, не очень большие, ни велики ни малы. К венчанью напитки и стекляницы — от новобрачной.

К отцу да матери новобрачного посылают с лакомствами и с дарами, а случается, что сладости посылают и без остальных подарков. При обручении новобрачный и новобрачная во время венчания меняются перстнями:

проем сплошной, а колечки или перстни литые с печатками, золотые или серебряные, но гнутые и с каменьями перстни во время обручения в свадеб- ном обиходе не используются.

Как ехать к венчанию, и новобрачный и новобрачная со свадебного места идут к лошадям и к саням, на всем их пути им не расстилают дорожку, с места сходят просто, без дорожки.

Когда же прибудут в *церковь*, в которой венчаться им, и с лошадей сойдут, а новобрачную выведут из саней – подниматься на паперть, а уж на паперти до церковных дверей и дверях через порог и до середины церкви расстилают новобрачным на всем их пути дорожки, да и в церкви поставят их на дорожку.

А дорожка та от матери и отца новобрачной – кто выдает. Расстилают же и тафту, и зендени, и киндяки,– у кого что найдется. После венчания из церкви новобрачные идут к лошадям и к саням просто, не расстилают им по пути ничего. Когда от венчания вернутся новобрачные к отцу-матери в дом свой, поезжане отправляются в покои, новобрачные же идут в подклеть, и вот тут уж под ноги им на всем пути от саней по лестницам, по крыльцам, по сеням — переходам и до самой подклети, и в подклети до постели расстилают дорожки. Случается, делают это и в доме отца и матери новобрачного, и расстилают по пути, бывает, тоже камку и тафту, киндяки, а глядишь, и сукно.

Как только новобрачные пройдут, позади них дорожки поднимают, вновь наперед заносят и опять расстилают по их пути.

Когда подойдут новобрачные к подклети, у ее дверей осыпает их мать, набросив на себя наизнанку шубу, и осыпав их семенем, возвращается мать в покои, а новобрачные идут в подклеть и садятся там на постели. С ними ж в подклети и сваха, и дружка, да боярыни — гостьи, которые с новобрачной вместе вернулись из церкви, да и здешние верные две-три тут же бывают. Принесут новобрачному разварную курицу с кашей, и новобрачный, курятину разломив, вернет, каши же немножко отведает. И новобрачной тоже каши той следует поднести. Ту кашу отставят и ранним утром приносят в подклеть же, с той же кашею поедут они потом к отцу-матери новобрачной.

Затем дружка раздевает новобрачного и возвращается из подклети в покои, сваха же и местные женщины раздевают новобрачную — и положат ее с новобрачным в постель и тоже идут в покои. У подклети же остаются постельничие: оберегают новобрачных от всех. Новобрачный же занимается делом своим — тем, от чего и родятся дети. Переждав с полчаса, возвращается дружка к новобрачному, справляется о делах и, пойдя к отцу-матери, правит им челобитье, спрашивают о здоровье, а родители посылают дружку к новобрачному, велят сообщить, что вскорости будут. Дружка идет и сваха с ним вместе к новобрачному, прихватив с собою боярынь родственниц, которые перед тем раздевали новобрачную и, воротясь к новобрачному, скажет дружка, что отец и мать идут навестить его. Тут новобрачному нужно встать и обуться, и накрыться шубой нагольной или какая будет — любая сгодится. И новобрачную женщинам тоже с постели поднять и одеть-нарядить ее, но не обувать, набросить на нее шубку да шапку лисы-чернобурки и усадить ее на постели. И когда придут отец и мать, новобрачная сидит напротив них, не вставая.

Войдя к ним, отец и мать поздравят новобрачных и станут кормить их. Тем временем дружка едет к отцу-матери новобрачной и правит челобитье и также обо всем говорит.

А с утра пораньше после бани едет дружка к тестю да к теще с кашею, которую в подклети подносили новобрачному, вместе с сорочками брачной ночи, и привозит эти сорочки за материнской печатью.

Послание и наставление
Отца Сыну

Благословение благовещенского попа Сильвестра возлюбленному моему единственному сыну Анфиму.

Милое мое чадо дорогое! Послушай наставление отца твоего, тебя родившего и воспитавшего в добром поучении и в Божиих заповедях, научившему страху Божиему и божественному писанию и всему закону христианскому, и заботам о добром, во всяких торговлях, во всех товарах всему научившего; и святительское благословение на себе несешь, и царское пожалование государя и государыни царицы, и братьев его, и всех бояр; и с добрыми людьми водишься, в большой торговле и в дружбе состоишь со многими иноземцами: все блага получил, так умей же и поступать по-божески. А ведь все начато это нашим попечением, да и с после нас сохранил бы Бог тебе так же жить. И законным браком сочетал я с тобою от добрых родителей благодарную дочь, всякой святыней благословил я тебя и честными крестами и образами святыми, и благословенным от Бога именем, – все это, знаю я, досталось трудами праведными, и подтвердит мое слово Бог направляющий. Но теперь, сын Анфим, передаю тебя и препоручаю и оставляю создателю нашему, доброму хранителю Иисусу Христу, его матери, Пречистой Богородице и заступнице нашей, помощнице, и всем святым, как в Писании сказано: «Позаботься оставить детей наставленными в заповедях господних – и это лучше неправедного богатства: краше жить в праведной бедности, чем в богатстве неправедном».

Ты тоже, чадо, оберегайся неправедного богатства, добрые дела твори, имей, чадо, великую веру в Бога, все надежды возлагай на Господа: ибо никто, уповая в Христа, не погибнет! С верой всегда обращайся к святым Божиим церквам, заутрени не просыпай, обедни не прогуливай, вечерни не пропусти, не пропивай повечерницы и полунощницы, и часы в своем доме всякий день бы петь: для каждого христианина это долг перед Богом. Если сможешь по желанию и увеличить службы, тем большую милость от Бога получишь; а в церкви Божией и дома во время службы и во всяком молении и самому, и жене, и детям, и домочадцам стоять, с трепетом Богу молиться и со вниманием слушать, и никогда в то время ни о чем не беседовать, не озираться, разве что если нужно; службу келейную или церковную вести согласно и чисто, не вразнобой; священников и монахов почитай: они ведь Божии слуги, их трудами очищаемся мы от грехов, они получили силу молиться Господу о наших грехах и Бога склоняют к милости. Повинуйтесь, чадо, и ты, и жена твоя также отцу духовному и любому священннику во всяком духовном наставлении; в дом свой приглашай их молиться о здравии царя государя и царицы, и детей их, и братьев его, и за священников, и за монахов, и за всех христиан. И совершай молебны о своих прегрешениях и о прегрешениях домочадцев; и святили бы воду с Животворящего креста и со святых мощей и с чудотворных образов. Во здравие елеем освящают больного в Божиих церквах – так же и ты поступай: приходи с милостыней и с дарами во здравие, и преставившихся родителей поминай во всей чистоте, тогда и сам будешь помянут Богом. Церковников и нищих, маломощных и бедных, страдающих и странников приглашай в свой дом и, как можешь, накорми, напои и согрей, и милостыню подай от праведных трудов, ибо и в дому, и на рынке, и в пути очищаются тем все грехи: ведь они – заступники перед Богом за наши грехи. Держись правды истинной и любви нелицемерной во всем, не осуждай никого ни в чем, о своих грехах поразмысли, как их избыть; чего сам не любишь, того и другому не делай, и сохраняй чистоту телесную пуще всего, да наступи на совесть свою как на лютого ворога и возненавидь, как милого друга погибельного; от хмельного питья, ради Господа, откажись, ибо пьянство – болезнь, и все дурные поступки рождаются им. Если от этого Господь сохранит тебя, все благое и нужное получишь от Бога, будешь почтен и людьми, и душе своей путь откроешь на всякие добрые дела. Вспомни, чадо, апостольское слово: «Не надейтесь – ни пьяница, ни блудник, ни прелюбодей, ни содомлянин, ни вор, ни разбойник, ни клеветник, ни убийца Царства Божиего не наследуют!» И если какая страсть тебя покорила, чадо, или в грех какой впал, обратись с тем к Богу в искренней вере и к отцу духовному с горькими слезами и оплачь грехи свои, и покайся истинно, что больше не станешь такого творить, поучение же отца духовного соблюдай и епитимью исполни: милостивый Господь праведных любит, грешных милует, всех призывает к спасенью. Больше всего береги и храни себя в праведном христианском завете, удержи язык свой от злого и уста свои, чтоб не извергли лжи, храни себя от обмана, от похвальбы и от клеветы, и сам не заносись ни в чем: унизь себя пуще всех людей – и сподобишься славы Божией. Никого же, чадо, не презирай и при всякой нужде помни, как мы прожили век. Никто не вышел из дома нашего голоден или печален; как могли, мы все нужное каждому человеку ради Бога давали, а печального словом излечивали. Кому как можно, мы помогли ради Бога, и ссужали, как могли, и Христос невидимо нам в изобилии посылал свою милость, всякие блага. И не помыслили мы никогда никому во зло, разве что по недомыслию, но без лукавства. Чадо, почитай монахов, да и странники в доме твоем всегда бы кормились, в монастыри с милостыней приходи и с кормом, и заключеных в темницах, и убогих, и больных посещай и милостыню посильно давай.

И домочадцев своих одевай и содержи в достатке, люби и жену свою и в законе живи с ней по заповеди господней: в воскресенье, и в среду, и в пятницу, и по праздникам господним, и в Великий пост близости избегайте, живи добродетельно, в посте и в молитве, и в покаянии; жизнь по закону — во славу Бога и ради вечного Царства, а любодеев и прелюбодеев осудит Бог. Что сам, чадо, делаешь, тому и жену учи, всякому страху Божию, разному знанию и ремеслу и рукоделью, всяким делам и домашнему обиходу, и всем порядкам: сама бы умела и печь, и варить, и любое дело домашнее знала, и всякое женское рукоделье умела — когда сама все знает и умеет, сможет и детей и слуг всему научить, ко всему пристроить и наставить во всем. И сама бы хмельного в рот никогда не брала, и дети и слуги у нее не брали бы тоже, и никогда бы жена без рукоделья и сама ни на час не оставалась, разве что заболеет, и слуги ее также. Если же в гости пойдет или если у ней гости, никогда бы сама не была пьяна, а с гостями беседовала о рукоделье и о домашнем хозяйстве, и о праведном христианском житии, а не насмешничала бы и не болтала ни с кем ничего; в гостях и дома песен бесовских и всякого сквернословия и блудливых речей и грубых слов сама бы не произносила и того ни от кого бы не слушала, и слуги ее также; и волхвов, и кудесников, и всякого колдовства не знала бы и в дом не пускала бы ни мужиков колдунов, ни женок.

Если же этого не понимает, сурово ее накажи, страхом спасая, но не сердитесь, ты – на жену, а жена – на тебя. Наедине поучай, а поучив – успокой, пожалей, приласкай ее; также и детей, и домочадцев своих учи страху Божию и всяким добрым делам, ибо тебе ведь ответ за них дать в день Страшного суда. Если станете жить по нашему поучению, по этому написанию, великую благодать от Бога получите и вечной жизни удостоитесь с домочадцами своими.

А еще держись, чадо, добрых людей всех чинов и званий, их добрым делам подражай, внимай хорошим словам и исполни их. Почаще читай божественное Писание и вложи его в сердце свое на пользу себе. Видел и сам ты, чадо, что в жизни этой жили мы в полном благоговении и в страхе Божием, в простоте сердца, в страхе и уважении к церкви, всегда по божественному Писанию. Видел, как были по Божией милости всеми мы почитаемы, всеми любимы, всякому в нужном угодил[115] я и делом, и служением, и покорством, а не гордыней; порочащим словом не осуждал никого, не насмехался, не укорял никого, не бранился ни с кем, а пришла от кого обида – мы Бога ради терпели и винили самих себя – и потому враги становились друзьями. А если какою виной душевной или телесной согрешил я пред Богом и перед людьми, тотчас в том я винился пред Богом за грех свой и отцу своему духовному каялся со слезами, сокрушенно прося прощения, духовные его наставления с признательностью исполнял, что бы он ни повелел. И если кто-то в прегрешении или в невежестве уличит меня или кто-то душевно наставит, или даже с насмешкой бранит меня и укоряет, все благодарно я принимал, как если бы было правдой это и каялся в том, и от дел таковых удалялся, если Бог помогал мне. Даже если в чем не повинен, и не справедлива молва и брань или насмешка какая и упреки, и побои, – все равно я во всем повинился, не оправдываясь перед людьми, и праведным своим милосердием Бог восстановит правду. Вспоминал я слова Евангелия: «Любите врагов ваших[116], делайте добро ненавидящим вас, благословите клянущих вас, молитесь за творящих вам пакости, вас изгоняющих, ударившему тебя по щеке подставь и вторую щеку, и не препятствуй тому, кто отберет у тебя одежду твою и сорочку, и всем просящим у тебя подай, у отнимающего твое не требуй, а если кто-то попросит тебя пройти один переход – пройди с ним два», припоминая при том и молитву у Причастия: «Господи мой, помилуй ненавидящих меня и враждующих со мной и поносящих меня, как и клевещущих на меня, пусть никто никогда из них из-за меня, нечистого и грешного, не пострадает во зле ни в нынешнем ни в будущем веке, но – очисть их милостью своею и покрой их благодатью своею, всеблагий!»

И тем всегда утешал я себя, что не погрешил никогда против службы церковной с юных лет и до сего времени, разве что был болен; ни нищего, ни убогого, ни странника, ни скорбного, ни печального никогда не презрел я, разве что по неведению; из темниц и больных, и пленных, и должников из рабства, и во всякой нужде людей по силе своей выкупал я, и голодных как мог кормил, рабов своих освободил я и наделил их, а иных и из рабства выкупил и на свободу пустил я; и все те наши рабы свободны, богатыми домами живут, как ты видишь, молят Бога за нас и во всем нам содействуют. А если кто и забыл нас – Бог его да прости во всем. А теперь домочадцы наши живут все свободны, и у нас – в своей воле; видел ты сам, чадо мое, многих ничтожных сирот, и рабов, и убогих, мужского полу и женского, и в Новгороде и здесь, в Москве, вскормил и вспоил я до зрелости, обучил, кто чему способен, многих и грамоте, и писать и петь, которых иконному письму, в каких и книжному искусству, тех серебряному делу, и прочим всем многим ремеслам, а кого и торговому научил делу.

А мать твоя в добром наставлении воспитала многих девиц и вдов, ничтожных и убогих, обучила рукоделию и всякому домашнему обиходу, и, наделив приданым, выдала замуж, а мужчин поженили у добрых людей,– и все те, дал Бог, свободны, живут состоятельно, многие в священническом и дьяконском чине, и в дьяках, и в подьячих, и во всяких чинах; кто во что уродился и в чем кому благоволил быть Бог,– те занимаются разными ремеслами, другие торгуют в лавках, многие и в купечестве в различных землях ведут торговлю. И Божией милостью у всех тех наших вскормленников и иждивенцев ни позор, ни убыток, ни денежной пени от людей, ни людям от нас, ни тяжб ни с кем не бывало: во всем Бог до сих пор сохранил. А от кого нам, от наших вскормленников, досада и убытки бывали большие и многие, так то все мы сами снесли, никто о том и не слыхивал, а нас за то Бог наградил. Ты, чадо, тому подражай и поступай так же: всякую обиду в себе пронеси и перетерпи – и Бог наградит вдвойне. Не познал я другой жены, кроме матери твоей; как дал я ей слово, так исполнил. О Боже, Христе, удостой закончить и жизнь свою по-христиански и в заповедях твоих!

Живи, чадо, по христианскому закону – во всех делах без лукавства, без всякой хитрости во всем, да не всякому духу верь: доброму подражай, лукавых и закон в любых делах преступающих не привечай. Законный брак тщательно соблюдай до конца своей жизни, чистоту телесную сохрани, кроме жены своей не знай никого, и пьянственного берегись недуга – от тех двух причин все зло заводится и ведет в преисподний ад: и дом пуст – богатству разорение, и Богом не будет помилован, и людьми обесчещен, высмеян и унижен, родителями же проклят. Если, чадо, от такого зла Господь сохранит тебя, закон соблюдешь по заповеди господни, и от хмельного питья воздержишься, и добродетельно проживешь, как все богобоязненные люди, тогда помилует Бог тебя и люди почтут, и наполнит Господь твой дом всякою благодатью.

И еще напомнить: гостей приезжих у себя корми, а с соседями и со знакомыми в дружбе и в хлебе и в соли, и в доброй сделке, и во всяком займе. В гости куда поедешь – подарки не дороги, вези за дружбу; а в пути со стола своего есть давай домашним твоим и странникам, их с собою сажай за стол и питье им также давай. А маломощным милостыню подавай. И если так поступаешь всегда, то везде тебя ждут и встречают, а в путь провожают – от всякого лиха берегут: на стоянке не обкрадут, а на дороге не убьют, потому что и кормят доброго – ради добра, а лихого – от лиха, но если и лихой на добро во всем обратится, в том убытка нет добрым людям. Хлеб-соль – взаимное дело, да и подарки также, а дружба – навек, да и слава добрая.

Ни в пути, ни в пиру, ни в торговле сам никогда браниться не начинай, а если излает кто-то – стерпи Бога ради, но уклонись от брани: добродетель побеждает злонравие, злобу преодолевает, ибо Господь противится гордым[117], смиренных любит, а покорному дает благодать. Если же людям твоим случится переругаться с кем, так ты своих побрани, а крутое дело – так ты и ударь, хотя бы и прав был твой: тем брань успокоишь, да к тому же убытка и вражды не будет. Да еще вот неплохо недруга напоить и накормить хлебом да солью, глядишь, вместо вражды и дружба.

Вспоминай, сынок, великое милосердие Божие к нам, Бог – заступник нам с юности и до сегодня. На поруки не брал никого, но и меня не брал никто ни в каких делах, и на суде ни с кем ни в истцах ни в ответчиках не был. А видел ты сам, в ремеслах во многих разных дел мастеров много бывало всяких: иконники, переписчики книг, серебряные мастера, кузнецы и плотники, и каменщики разные, и кирпичники, и строители крепостей, и всякие мастера; деньги даны им были на ремесло наперед по рублю и по два, и по три, и по пяти, и по десяти, и больше; хоть многие были мошенники да и бражники, но со всеми теми мастерами за сорок лет, дал Бог, обошлось без клеветы, без судебного пристава и без всякой кручины; все, что было, улажено хлебом да солью, да питьем, да подарком и всякою добродетелью, да терпением. Если же сам у кого что купливал, так ему от меня любезное обхождение, без волокиты платеж, да еще и хлеб-соль сверх того, так что и дружба навек, и никогда мимо меня не продаст и худого товару не даст, и за все поменьше возьмет. Кому же что продавал, все честно, а не в обман; кому не понравится мой товар, я назад возьму, а деньги верну. Ни в купле, ни в продаже ни с кем ни тяжба, ни брань не бывали, так что добрые люди во всем мне верили, и наши, и иноземцы,— никому и ни в чем не солгано, не обмануто, не просрочено ни в ремесле ни в торговле, ни кабалы ни записи на себя ни на чем не давал я, и лжи ни в чем не бывало. Видел и сам ты, какие большие ссоры со многими были людьми, да все, дал Бог, без вражды обошлось. А ведаешь сам, не богатством жили мы с добрыми людьми, правдой да лаской да любовью, а не гордостью, и без всякой лжи.

Чадо мое любимое, Анфим, а в том, что тебя наставлял я и всяким путем поучал добродетельному и богополезному житию и что неумелое это писание худого моего поучения тебе передал, так молю тебя, чадо, Господа ради и Пречистой Богородицы и великих чудотворцев, прочти ты его с любовью и со вниманием и запиши его в сердце своем и, прося у Бога милости, помощи, разума, крепости и всего, уже перечисленного, по этому же написанию с любовью и делом; так и жену поучай и наставляй, и детей своих и домочадцев всех учи страху Божию и добродетельному житию. А если сам поступаешь так и учишь жену и детей, и рабов и рабынь, и всех ближних своих и знакомых, и дом хорошо устроишь, благость у Бога найдешь и вечную жизнь получишь со всеми, кто тебя окружает.

Но если, сынок, моего моления и наставления не примешь и по этому написанию не станешь жить, как другие добрые люди и богобоязненные мужи, и заповеди отца духовного не станешь соблюдать и не воспользуешься поучением богодухновенных мужей, не пользуешься поучением и почитанием святого Писания, христианского праведного закона не хранишь и о домочадцах своих не радеешь, то я твоему греху не причастен, сам о себе и о домочадцах своих и о жене дашь ответ в день Страшного суда.

Если, чадо мое любезное, хоть и малые заповеди худого этого поучения сохранишь и по пути моему пойдешь, и делом их все оправдаешь, то будешь сын света и наследник Небесного Царства, и снизойдет на тебя милость Божия и Пречистой Богородицы и заступницы нашей, и великих чудотворцев Николы, Петра, Алексея и Сергия, и Никона, и Кирилла, и Варлаама, и Александра[118], и всех святых, и молитва родителей, и мое вечное тебе благословение отныне и во веки веков; и благословляю тебя, чадо мое, и прощаю в сем веке и в будущем, пусть будет на тебе милость Божия, и на жене твоей, и на детях твоих, и на всех ваших доброхотах отныне и до века.

Чадо мое единственное и любимое, Анфим, соизволил Бог, и благочестивый православный царь государь велел послужить тебе в своей царской казне у таможенных дел, так говорю тебе я теперь, чадо, и со слезами молю: «Господа ради помни царское наставление, прося у Бога помощи и смысла от всей души и всего помышления, служи верой и правдою без всякой хит- рости и без всякого лукавства в любом государственном деле; с другом не дружи, недругу не мсти, и волокита бы людям ни в чем не была, всякого обслужи с любовью без ругани; а не удастся дело, так ты добрым словом ответствуй, а, срок пропустив, без проволочки сделай; а в торговле поступай обходительно, душевредной служба твоя не была бы государю ни в чем; сам же сыт будь благословенным царским жалованьем, и все хозяйское у тебя было б всегда на счету и на заметке, в записи, и приход и расход, казначеям будь послушен, а с товарищами согласен, с подьячими и мастерами и сторожами будь строг и дружелюбен, к любому человеку приветлив, а бедных, печальных, нуждающихся и пленных всегда без волокиты разбери и от себя по возможности накорми и напои, и милостыню дай, по человеку судя; а случится суд, всякому человеку, богатому и убогому, другу и недругу, если дело его истинно и праведно, без волокиты и без всякой хитрости его заверши, по словам Евангелия: «Не по лицам судите сынов человеческих, но праведный суд судите, каким судите судом, таким и судится вам, и какою мерою мерится, такой и воздается». Слава свершителю Богу ныне и во веки веков»[119].

Аминь.

Словарь устаревших слов

алнамахи – альманахи, астрологические сборники, посвященные гаданию по движению звезд и по знакам Зодиака

арака – пшеничная водка

аргамак – восточный породистый конь, скакун: на свадьбе – конь под седлом, а не в упряжке

армяк – суровая ткань из верблюжьей шерсти, из нее шились широкие кафтаны

бела можайская – древнерусский сорт наливных яблочек

бечет – драгоценный камень типа рубина

битые караваи – взбитое на сливках тесто для калачей

борщ – борщевик (Heraclium), стебли которого поедали сырыми

братина – небольшой чаша, кубок с шаровидным корпусом, служил для питья вкруговую

бухоный хлеб – пышный белый хлеб (от польского bochenek – белый хлеб); отсюда происходит современное слово буханка

вандыш – снеток, сушеная рыбка вроде ерша

векошники – пироги, заправленные мясными и рыбными остатками пищи (своего рода «пицца»)

вечка – медная кастрюля

вешаные (грибы, мясо и пр.) – сушеные

внеуду – вне, снаружи

внутрьуду – внутрь, внутри

волога – мясной бульон, всякая жирная жидкая пища

волосник – женский головной убор, сетка из золотой или серебряной нити с ошивкой (чаще не праздничный, как кика, а каждодневный)

воронограй – гадание по крикам ворона; книга с описанием таких примет

враг – дьявол, бес

глезно – голень, лодыжка

говейно – пост (госпожино говейно – Успенский пост и т. д.)

горлатная шапка – пошитая из очень тонкого меха, взятого с шеи животного; по форме – высокая прямая шапка с тульей, расширяющейся кверху

горница – жилое помещение в верхней части дома (ср. горе – вверх)

грядка – полка над лавками вдоль стены

губчатые сыры – творожная масса, сбитая со сметаной

гужи с чесноком – калачи взварные

дна – болезни внутренних органов, ломота в костях, грыжа

дор – грубая дранка

дороги – очень тонкая восточная шелковая ткань

драницы – тонкие дощечки, сколотые с дерева

дубник – дубовая кора, необходимая для разных хозяйственных работ, в том числе и для дубления кож

дымье – пах

дымчатые мехи – мешки, пошитые из выделанных на пару шкур (и поэтому особенно мягких)

едемские – сыны Эдема, т. е. рая

единочадый – единственный сын у родителей

ельцы – разного вида фигурное печенье

епанча – см. япанча

забел(к)а-сметана; в широком смысле кушанье, заправленное молоком или сметаной

заспа – ячневая или овсяная крупа, служившая для заправки супа; вообще запасы всякой крупы

звездословие – астрологические книги

звездочетье – астрология зендени – привозная хлопчатобумажная ткань; ценилась выше шерсти и шелка (см. также киндяки)

зернь – кости, игра в кости: гадание в кости

зобанец – жидкая гороховая похлебка

золотное платье – златотканое (особо ценное)

Извары, звары – специальные сосуды типа ушат для приготовления напитков

изгреби – вычески кудели, остающиеся после обработки льна

искренок – выемка в печи, служившая для хранения сухой растопки и кресала для разжигания огня

Камка – узорная шелковая восточная ткань

канон – часть церковного песнопения

каптан – зимний крытый возок

каптур – меховой зимний убор у замужних женщин, особенно у вдов; закрывал голову и по сторонам лицо и плечи (ср. позже – капор)

кашеновые раки – отловленные кошем, т. е. корзиной (здесь мелкие)

кебеняк, кобеня – верхний мужской плащ из сукна с капюшоном и длинными рукавами

кика – женский головной убор округлой формы (символическое обозначение замужней женщины); кика дополнялась платком с вышивкой (подзатыльник) и повойником (подубрусником), который прикрывал волосы, опускаясь на плечи и грудь

киндяки – привозные хлопчатобумажные ткани

клеть – хранилище различного домашнего имущества, кладовая комната возле жилых помещений дома.

колымага – закрытый возок шатрового типа с кожаными шторами

коробья – разного вида сундуки с замками и под печатью

коровай – большой круглый подовый хлеб из пшеничной муки, символизировал солнечный круг; ритуальное кушанье на свадьбе

кортель – теплый летник, подбитый мехом и покрытый легкой шелковой тканью (без кружев и пуговиц)

корцы – ковши, выдолбленные из дерева, служили мерой жита

косяк – кусок штучного товара (ткани) в рулоне; одна заправка в ткацком стане, см. постав

косячная осетрина – соленая тёшка красной рыбы

котломы – сдобное печенье

кроеное – лакомства, которые раздаривались на свадьбе (пряники, орехи и пр.)

крошни – плетеные корзины (обычно заплечные)

кружок – рыба, нарезанная кусками

ксени, ксенимасы – икра

кузьминские яблоки – древнерусский сорт красных яблок

кумган – металлический узкогорлый сосуд с крышкой и с ручкой

кундупцы, кундумцы – вареники с говядиной в подливке

кутук – уголок

Лал – благородная шпинель, драгоценный камень, по цвету близкий к рубину

леваши, левашники – сдобные пирожки с ягодами или вареньем

летник – легкая женская одежда, которую носили под верхним платьем

лодога – одна из пород сига

лубье – тонкая дранка (см. дор)

лысина – конский налобник в сбруе

лысты – голень, икра ноги

лядвеи – ляжки

мазуни – сладкая масса из редьки с патокой с добавлением пряностей

малакия – онанизм

малариуз (в других списках – балагиус) – черный гранат

мандрагора – в русских травниках адамова голова, сонное зелье

медведно – выделанные медвежьи шкуры, служили полостью в санях

меженина – недостаток чего-либо (чаще всего – хлеба из-за засухи или неурожая)

межситка – простая мука, остающаяся после промалывания пшеничных зерен

мерник – ведро или ковш известного объема; обычно в них сытили меды

миндери – жесткие тюфяки или подушки, набитые мочалом или волосом

михирь – мужской половой орган

монисто – ожерелье из бус или монет («вздержка»), одевалось на шею

мушорма, мушерма – братина с носком и с рукояткой

мыльня – баня

нагольные шубы – не покрытые тканью, состоящие из одного меха

накрачеи – литаврщики (накры – литавры)

наузы – гадальные книги: это слово обозначало такж и завороженный от исчистой силы амулет ногавицы – узкие брюки или род обуви, сшитой наподобие голенишь обычно ярко раскрашенные

ноугородки золочены – серебряный новгородский рубль по стоимости и весу был в то время вдвое дороже московского

ночвы – неглубокое деревянное корыто

овощи – все вообще плоды: и овощи, и фрукты

одры страдные – рабочие повозки со скамьями

ожерелье – пристяжной вышитый стоячий воротник рубахи или зипуна

ометюк – обметенный край платья или покрывала

опашница – короткая мантия свободного покроя из богатой ткани

опресноки – пресные хлебцы, употребляемые в церковном ритуале

отжени – отгони

охабень, охобень – распашное платье из шелка или легкого сукна с ожерельем и с нечетным числом пуговиц; охабнем назывался также тяжелый плащ внакидку на ферязь

панагия – нагрудное украшение с изображением Богородицы

патока белая – самотеком стекающая с медовых сотов «медовая слеза» – чистый свежий мед

пачеленки – суставы

пачеси – см. изгреби

перевара сыченая – пиво и мед домашнего изготовления

перепечи – ритуальные угощения на свадьбе – всякого рода печение

пласти – пластовые куски рыбы, вычищенные и высушенные

плюсеное – грязное, заброшенное, всякая «дрянь»

поволока – см. приволоки

подклеть – помещение в фундаменте дома, служившее для разных хозяйственных нужд

поезд – поезжане на свадьбе (седячие – также свидетели на свадьбе, но с другой стороны – жениха или невесты)

полтевое мясо (от полть, полотки) – разделанная вдоль на две части тушка птицы

постав – ткацкий стан, на котором ткут законченный кусок сукна или холста

потворные бабы – колдуньи

потиральце – полотенце

похва – подхвостник у лошади

приволока (собирательно) – богатый праздничный наряд

причелина – висячие резные доски, покрывающие торцы бревен у сруба и по краям кровли (от чело – лицо)

прутовая рыба – вычищенная, слегка просоленная и затем провяленная на прутьях рыба высших сортов

пяльцы – рамка для натягивания ткани, по которой шьют или вышивают

Рамон масло – аптечная (римская) ромашка

решити – развязать

рост – процент за денежную ссуду (отсюда – ростовщик)

рукавицы – дорожные муфты

рупос – хлам, отрепье, всякий мусор

саадак – расшитый чехол для лука и стрел

саженье – нанизанное камнями головное украшение или камешки на ожерелье «низанье»), пришитые на картон: ожерелье крепилось к платью с помощью мутовоза

сан – облачение, соответствующее положению человека

сандрик – можжевеловая смола

сарафан – длинная нарядная мужская одежда

сверстный человек – назначенный для данного дела

святитель – священноначальник (архиерей, епископ)

сени – крытая галерея, парадная терраса верхнего этажа дома

сермяга – грубое сукно

скалы, скалва – весы

скрания – виски, щеки

скрута – древнерусский сорт наливных яблочек, позже – один из самых дешевых сортов яблок

скрута женья – крута, набор нарядной одежды, обычно женской

сметюк – см. ометюк

смолочи заячьи – вымя: в позднейших источниках так называют обычно коровье вымя

снет, снеток – сушеная рыба вандыш

сочни, соцни – тонкие пресные лепешки из муки, начиненные кашей или творогом

спицы – деревянные гвозди в стене

спорки (поротье) – распоротые части одежды, тряпье

среча – нежелательная встреча

ставец – деревянный или глиняный сосуд с крышкой

стапешки – жаренные н масле ломтики калача

стрелки громные и топорки – сплавленный молнией песок или камень метеоритного происхождения; служили для лечебного «сливания вод»

сущи, сущь, сушик – сушеная мелкая рыбешка, не обязательно снеток

сыр – творог

сыта – заведенный на солоде мед, мед сыченый

тавранчуг (тавранчус) – похлебка из разных сортов рыбы

таган – железная с ножками подставка под кухонную посуду

тафта – гладкая и тонкая шелковая ткань восточного происхождения

телогрея или душегрея – легкое нарядное женское платье, которое носили поверх сарафана

терлик – род кафтана до пят, с короткими рукавами и с перехватом в талии, с застежкой на груди

торлоп – тулуп

торочки – выпушки, оторочка

тукмачи – гороховая лапша

убрус – тонкое полотно, полотенце

укрута (см. крути, округа) – праздничная одежда

усечки – тонкая драль, оставшаяся после плотничьих работ

усовники – лечебные книги с рекомендациями протин болезней, сопровождающихся внутренним воспалением (усовье – колотье, боль под ложечкой)

усчина – грубое полотно

уторы – нарезка внутренней поверхности деревянного сосуда у того края, где ребром вставляется дно

фата – покров из легкой прозрачпои ткани: большой четырехугольный платок

ферязи – верхняя одежда без пояса и воротника с длиннымн рукавами, распашная с рядом пуговиц

фряжские вина – франкские, т. е. всякие заморские виноградные вина

Хохолки, хохоль, хохлики, хохолковые – народные названия мелкого ерша, обычно сушеного: вообще всякая рыбешка, которую продавали не на вес, а мерками

черевья шапка – пошитая из меха взятого от брюха животного

четыги, чедыги, чеготья – мягкие кожаные (сафьяновые) или матерчатые чулки с подошвой из нескольких слоев кожи, на которые затем надевались башмаки чехол – собирательное название всякого покрывала, в данном случае – халат

чин – правильный порядок службы или действия: лицо, его исполняющее

чюмички – кухонные ковши с длинной ручкой

шафран – в Домострое обозначает всякую вообще пряность, а не только Crocus Sativus

шестная говядина – то есть вяленная на шестах

шестокрыл – таблицы для гадания но знакам Зодиака и по звездам

шехонская осетрина – выловленная в Шексне

ширинка – женский носовой или шейный платок, расшитый, иногда с кисточками

шишки – сладкие булочки или печенье круглой формы

шубка женская – покроем напоминала сорочку до пят, без разреза на полы

щи двои – вообще похлебка, всякий суп с приправами, но без мяса, дичи или рыбы

щи кислые – овощной напиток вроде кваса, который можно было заправлять крупой или овощами

яглы – общее название некоторых крупяных продуктов, получаемых из остролистных растений, например – просо (ягль – ячная крупа)

япанча – накидка, широкий плащ, длинное верхнее платье без рукавов

ярые зайцы – белые, весенние

Некоторые сведения о «Домострое»

Наш русский «Домострой» сложился не сразу. По предположениям филологов он бытовал сначала как назидательный сборник среди торгово-промышленного люда Великого Новгорода, обрастал постепенно новыми наставлениями и советами.

В том окончательном виде, как мы его знаем и предлагаем сегодня вашему вниманию, «Домострой» сложился в эпоху Иоанна Грозного, в середине XVI века. Это было время великих обобщений, подытоживания национального опыта, объединения и консолидации. Знаменитый Стоглав (1551) стал энциклопедией церковных правил и порядков, «Великие Минеи Четьи» (1541–1552) — двенадцатитомной энциклопедией «всех книг, на Руси читаемых», десять томов Лицевого Летописного свода — иллюстрированной энциклопедией русской и всемирной истории. Наконец, явился и «Домострой» — энциклопедия семейной жизни, домашних обычаев, традиций русского хозяйствования.

Автором книги (точнее, видимо, составителем и редактором) был известный церковный и государственный деятель того времени священник Сильвестр. По происхождению новгородец, он приехал в Москву в 1542 году, чтобы продолжать работу в скриптории (книгописной мастерской) митрополита Макария, когда тот, прежде владыка Новгородский, стал главой Русской Церкви.

Сильвестр был назначен в клир Благовещенского собора Московского Кремля. Человек яркий, образованный и темпераментный, он замечен и приближен Иваном Грозным, имеет одно время исключительно сильное влияние на молодого царя, входит в состав «Избранной Рады» – фактически правительства. Но недолго. Грозный царь не любил, чтобы ему очень досаждали советами. С 1560 г. благовещенский поп попадает в опалу и кончает свои дни под монашеским именем Спиридон в Кирилло-Белозерском монастыре. (Мы не знаем, когда точно он умер; в 1577 г. князь Курбский упоминает о нем уже как о покойном.) Царский гнев не распространился на семейство Сильвестра. Сын писателя, Анфим – тот самый, которому посвящен «Домострой» – служил в 1560-е годы дьяком в Смоленске.

Сильвестр был великий книжник. Он не только писал и переписывал книги, но в большом количестве собирал их, часто потом дарил («вкладывал») в различные храмы и монастыри. Представление о его личной библиотеке могут дать рукописные книги, оставшиеся после его смерти в Кирилло-Белозерском монастыре. Монастырские библиотекари так и помечали их потом: «селивестровские». Таких книг дошло до нас больше двадцати. Но известно, что Сильвестр, уходя в монастырь, взял с особой не всю свою библиотеку. Многие из книг остались у Ивана Грозного и уже им были переданы тому же монастырю. Кроме того, составитель «Домостроя» вкладывал книги в Александро-Свирский монастырь, Чудовский в Москве; даже на Афоне, в сербском Хиландарском монастыре сохранилась одна из книг Сильвестра. Во вкладной книге Соловецкого монастыря сохранилась запись о пожертвовании им в обитель целого собрания – 66 книг.

Сильвестр вошел в историю литературы как автор целого ряда произведений. Написанное им «Житие святой княгини Ольги» включено в «Книгу степенную царского родословия». Считают, что он приложил руку к некоторым разделам «Стоглава». Но главным в его наследии несомненно остается «Книга глаголемая Домострой». Для историков – это бесценный источник истории русской жизни и быта, для филологов – неисчерпаемый кладезь русского языка и лексикологии. «В том и состоит, – пишет профессор В.В.Колесов, – основная ценность «Домостроя» сегодня: с его помощью мы можем заглянуть в быт наших предков XV-XVI вв. и как бы присутствовать при их разговорах.

Примечания

1 — Первые главы Домостроя (в данной редакции — главы 2–5 и 7) содержат выписки из «Стословца» (в греческом оригинале — сто стихотворных строк) Геннадия, патриарха Константинопольского; в свою очередь, и они основаны на цитатах из «Слов» Иоанна Златоуста. Первые стихи излагают христианский «символ веры», и сравнение с древнейшим славянским переводом этого греческого текста (например, в Изборнике 1076 года) помогает понять, насколько «бытовое христианство» Руси в XVI в. отошло от исходных позиций христианской веры; ср. соответствующие места по изданию: Изборник 1076 года.— М., 1964.— С. 207–209, 237–239, 214–273, 241–244, 257–260, 266–267.

2 — Троица у православных (согласно Никейскому собору); Отец-Бог Сын-Бог Дух Святой равны. Иностранцев поражало и то, что московиты поклонялись не столько Троице, сколько своим святым и мощам; при этом особенным почитанием пользовался Святой Никола (Николай Мирликийский) — «скорый заступник». Ниже в тексте Домостроя встречаются рассуждения об «образе и подобии» человека божеской сущности, что также важно в плане осмыс- ления ранга Сына: Сын подобен Отцу, как полагали ариане, или единосущен, как признали иерархи церкви на Никейском соборе. В сущности, весь текст Домостроя обсуждает эту проблему «на мирском»

уровне, далеком от богословских споров, но сама проблема чрезвычайно важна как теоретически идеальная схема, которая накладывается на взаимоотношения отца и сына в мирском быту (сын во всем должен быть подобен своему отцу в жизни).

3 – Кутья – согласно описанию Г. Котошихина – каша из пшена или пшеницы, «вареная с сытой да с сахаром или с ягодами»; обычно представлена была в виде лепешки, которую «вкушают как жертвенную пищу» «на поминках по умершему»; позже это всякая поминальная каша из любой крупы, разбухшей во время варки.

4 – Послание к римлянам апостола Павла (13, 1): «Ибо нет власти не от Бога, существующие же власти от Бога установлены».

5 – Набор выражений из разных новозаветных текстов в сочетании с традиционными формулами древнеславянской книжности (ср. 1 Коринф. 4, 12–13 и др.).

6 – По словам Олеария, из-за «пылкого своего нрава» русские почитают епитимию самым страшным наказанием, они стараются, например, много спать, чтобы ненароком не согрешить.

7 – Следует подборка цитат из «Слов» Иоанна Златоуста, находящихся в составе Измарагда.

8 – Срамословие и сквернословие различались по отношению к объекту порицания: ср. ниже «кощуны и сквернословие», «и сквернословие, и срамословие, и клятвопреступление» и пр. Кощуны – срамословие над святыней, над общепринятым, над нравственностью, пустой смех и издевка; сквернословие – ругань и брань. Иностранные наблюдатели отмечали подобное различение «мерзких слов».

9 – Следует большой фрагмент из «Слова» Иоанна Златоуста по тексту Измарагда; ставшее общим местом средневековой литературы перечисление Божиих нака-

заний («гнев Господень») за грешную жизнь и в случае неповиновения текстуально очень близко известным «Словам» Серапиона Владимирского (около 1284 г.). Исследователи предполагали, что включение этого пассажа в текст Домостроя связано с новгородскими событиями 1484 г.— походом Ивана III на Новгород.

10 – Перифраз высказываний по Деяниям апостолов (14, 22).

11 – Слова из Еванг. от Матфея (7, 13–14): «потому что широки врата и пространен путь, ведущие в погибель... – потому что тесны врата и узок путь, ведущие в жизнь».

12 – Изложение слов Иисуса, несколько раз повторенных в Еванг. от Марка (ср. 10, 23–25): «как трудно имеющим богатство войти в Царство Божие».

13 – В книге Иова рассказывается о многочисленных и страшных страданиях праведника Иова, которого Бог испытывал в его верности себе. Нищий Лазарь, «который лежал у ворот» богача в струпьях, питаясь крохами с его стола, после смерти попал в рай, а богач – в ад (Еванг. от Луки, гл. 16).

14 – В той же притче Еванг. от Луки сказано, что после смерти Лазарь «отнесен был ангелами на лоно Авраамово», т. е. к праотцам, в рай.

15 – Симеон Столпник (356–459) – киликиец по рождению, христианский аскет, поражавший современников самоотверженностью аскезы и умением читать чужие мысли; с 423 г. затворился на высоком столбе, время от времени занимаясь пророчествами. Образ, неоднократно использованный в мировой литературе.

16 – Следуют выписки из Кормчей книги с толкованиями из святых отцов по Златоусту; довольно точное следование мефодиевскому переводу текста, который выполнен еще в IX в. Первые законы, связанные с нравственными, а не имущественными отношениями,

пришли на Русь именно в переводе Номоканона – свода церковных правил (славянский перевод – Кормчая), эти церковные установления регламентировали и семейную жизнь, и сферу церковной власти в отношении к тем преступлениям, которые еще Владимир I Святой отдал под юрисдикцию церкви. Эти законы («правила») постепенно заменяли действовавшие до того языческие обычаи.

17 – Общее место средневековой литературы, восходит к некоторым местам Ветхого завета и повторяется в разных видах в Апостоле (ср. 1 Петр, 2, 9; Римл. 2, 19 и пр.).

18 – Слова из II послания апостола Павла коринфянам (6, 15).

19 – Точнее, рожанице, поскольку мифических предков по женской линии в языческом пантеоне славян было две.

20 – По астрологическим книгам, которые использовались для гадания; входили в индекс запрещенных церковью сочинений.

21 – Анкара – античный город в Малой Азии (ныне – Ангора в Турции), где состоялись заседания Вселенского собора.

22 – Имеется в виду Трулльский зал («палата») в императорском дворце Константинополя, в котором в 691–692 гг. (при Юстиниане II) состоялся пято-шестой Вселенский собор высших церковных иерархов. В историю этот собор вошел утверждением правил относительно положения церкви в государстве и своими постановлениями относительно христианской этики («како христианом жити»). В связи с упадком религиозной нравственности в это время начинались церковные дискуссии, из которых и выросли 102 правила, рисующие идеалы нравственной жизни (западная церковь эти правила не признает). Перечень соответствующих статей, хотя и

не в принятой их последовательности, и составляет, в сущности, содержание первых частей Домостроя. Здесь приводится правило 61.

23 – Следует 11-е правило Трулльского собора, текст которого значительно переработан и сокращен в Домострое.

24 – Отрицательное отношение Древней Руси к иудейству как религии безнравственной прививалось начиная с X в.– см. известный текст «Испытание вер», которое происходило при Владимире I и по его требованию и описано в «Повести временных лет». Теоретическим обоснованием подобного отношения и является приводимое здесь «правило» (оно также опущено во II редакции Домостроя).

25 – Василий Великий (329–378) – один из отцов церкви, боролся с арианами за признание божественной сущности Сына наравне с Отцом в Троице; в последние годы жизни – архиепископ в Кесарии Каппадокийской (отсюда частое упоминание его как Василий Кесарийский); его память празднуется 1 января, что имеет свое значение при выяснении вопроса о переходе «начала года» с мартовского или сентябрьского цикла – на январский. Очень почитаемый в Древней Руси автор. Приводимое здесь «правило» в тексте Домостроя дает довольно много описок. Упоминаемое ниже правило 83-е в рукописи Домостроя опущено, но оно повторяет уже сказанное выше.

26 – Формула, известная русским издавна; ср. в Изборнике 1076 года: «иже бы я [их] ввел в дом свой».»

27 – Панихида – церковная служба по умершим; литургия – богослужение (обедня).

28 – Просфира (просвира, просфора) – белый круглый хлебец из крутого теста, крестообразно разделенный на четыре части, употребляется в православном бого-

служении; просвиры пекутся специально назначенными служительницами («просвирни»), которые находятся под покровительством церкви; канон и кутья – ритуальные блюда на поминках, восходящие к языческим обычаям: канун из риса, кутья из зерен пшеницы с медом и маком; ниже упоминается еще и дора (точнее – антидор) – часть просвиры.

29 – Сокращенный пересказ Еванг. от Матфея (5, 23–24), в котором сказано: «если ты принесешь дар твой к жертвеннику и там вспомнишь, что брат твой имеет что-нибудь против тебя, оставь там дар твой пред жертвенником и пойди прежде помирись с братом твоим, и тогда приди и принеси дар твой».

30 – Ср. Еванг. от Луки (11, 41): Подавайте лучше милостыню из того, что у вас есть: тогда все будет у вас чисто»

31 – 0писывается образная (крестовая, моленная) комната, которая могла быть только в богатых домах (одно из доказательств, что текст составлен для богатого боярина или преуспевающего купца) (описание подобных комнат см.: Забелин.-С. 153).

32 – Следуют значительные по объему выдержки из «Слов» Иоанна Златоуста по тексту Измарагда.

33 – Общее место средневековой литературы со свойственным ей разграничением телесного и духовного; один из возможных источников – поучение «како христианом жити», известное еще по изборнику 1076 года, а также «Слово некоего отца к сыну» (там же) и под.

34 – Выражение, буквально повторяющее изречения самых древних русских поучений (XI-XII вв.)неоднократно воспроизводится в тексте Домостроя (ср. в главе 25: «от безвре- менного питья» и пр.), поскольку призыв: «и знай во всем меру» является основным мотивом повествовательных частей Измарагда.

35 — Следует развернутая цитата из 1 послания апостола Павла коринфянам (6, 9–10).

36 — *по пророку Давиду: на всяком месте благослови, душе моя, Господа* — неоднократно встречается в Псалтыри (ср. 15,7; 25,12; 62,5–67, 27 и др.). Самое близкое соответствие дает 32,2: «Благословляю Господа во всякое время...», что в древнеславянском переводе звучит иначе: «Благословлю Господа на всяко время» — по значению это одновременно и «время», и «место».

37 — С XV в. в Новгороде шел спор о правильном возглашении молитвенного обращения: «Господи, помилуй!» или «О, Господи, помилуй!» Обоснование самого молитвенного ритуала см. в комментариях Максима Грека к Златоусту: «А се приложи со мирением: «помилуй мя, грешного». Аще кто сию молитву требуя глаголеть яко из ноздрии дыхание, по первом лете вселится в него Христос сын Божий, по втором лете внидеть в него Дух Святый, по третием лете придет к нему Отец и вшед в него и обитель в нем себе сотворит Святая Троица, и пожрет молитва сердце и сердце пожрет молитву и начнет клицати безпрестани сию молитву и день и нощ, духовно сердечно и будеть свободь всех сетии вражиихъ», т. е. другими словами, «спасется» (Описание рукописей Соловецкои библиотеки. – Т.1.-С. 485).

38 — Тут употребляются формулы разного происхождения: «честной крест», «Крест Христов», «Животворящий крест» и пр. Это — явное указание на то, что соответствующие фрагменты Домостроя вынесены из различных источников; что касается самого ритуала, его многократно описывают иностранные наблюдатели. К концу XV в. способ осенения знамением изменился, многие авторы начала XVI в. осуждают современников за то, что те крестились то двумя (как прежде), то уже тремя перстами, а благословляли не «крестообразно по

чину», а кое-как, небрежно; поэтому еще в конце XV в. распространены высказывания вроде следующего: «иже не кретится двема перстома, якоже и Христос да будет проклят!» Двоеперстие признавали и Максим Грек, и митрополит Даниил. Стоглавый собор 1551 года в 31-й главе канонизировал эту форму. В первоначальном варианте Домостроя главы о двоеперстии скорее всего не было, соответствующие части могли быть добавлены позже, во второй половине XVII в., когда борьба между никонианами и старообрядцами (высоко ценившими Домострой) достигла высшей степени развития.

39 – Следуют выдержки из «Толкования Феодорита о руке ерейской» по сочинениям Петра Дамаскина. Дамаскина. Феодорит – антиохийский епископ Кирский (в Сирии) (около 386–457), самый образованный богослов V в.; развивал учение о «двух естествах в одном лице»; его борьба с несторианами и монофизитами завершилась победой над ними на Ефесском соборе 431 г. Несториане считали, что Христос, рожденный человеком, лишь став мессией, получил воплощение Сына Божия; возражая им, монофизиты толковали соединение двух природ во Христе как поглощение человеческого начала божественным. Все эти еретические учения распространялись на Востоке. Халкидонский собор 451 г. также признал христологическую формулу Феодорита, ставшую канонической: «но един Бог в Троици, имены розделяется, а божество едино»; ср.: «сице благословити рукъю крестися персты равно имети вкупь по образу троичкъму: Бог отец, Бог сын, Бог Дух святы... два перста имети наклонена, а не распростерта» (Сборник XV века.– ГИМ, Синод, собр., № 316). Существует мнение, что вопрос о перстосложении был намеренно запутан новгородско-псковскими еретиками XV в., которые ориентировались на учения западной церкви; митрополит Даниил (1522–

1539), по-видимому, первым внес в «Феодоритово слово» учение о двоеперстии, восходящее к несторианам V в.

40 – Афанасий, епископ Александрийский (298–373), один из руководителей Никейского собора 315 г., боролся против ереси ариан за догмат о единстве естества Бога отца, Бога сына и Бога Духа святого; Петр Дамаскин – ученый-писатель второй половины XII в. (которого, между прочим, почитают старообрядцы, указывая, что он отстаивал двоеперстие: «два перста и едина рука являют единого господа, во двою естеству познаваема», однако, неясно, каково тут соотношение чисел 2 и 3).

41 – По мнению исследователей, здесь имеется в виду либо Василий Иванович, которого самодержцем еще при жизни провозгласил его отец Иван III, либо сам Иван III; в любом случае ясно, что первый свод Домостроя сложился до 1533 года – года смерти Василия III. Возможно и третье предположение: самодержец – не титул, а обычное именование государя, известное на Руси издавна (как перевод греческого слова – автократор – самовластец).

42 – Тропарь – церковное песнопение; тропари следуют за ирмосом в каноне, обращены к ирмосу, ведут от него ряд мыслей и подчинены ему по ритму и тону; по своему содержанию представляют молитвы в честь праздника данного дня или святого, которого в этот день чествуют.

43 – Общее место средневековой литературы, описательно как бы материализующее богоугодное поведение прихожанина; неоднократно используется в древнерусских текстах, в том числе и в Домострое. Любопытно написание слова ангелы – «аггели», т. е. транслитерация греческого слова «aggelos»; в средневековых текстах с их символическими написаниями противопоставление форм ангела и аггели довольно часто было связано с

обозначением «светлых» и «темных» ангелов; в данном случае предпочтение формы аггели свидетельствует о книжном происхождении формулы, попавшей и в обиходную речь.

44 – Также обычный образ средневековой литературы; сравнение с первоисточниками показывает развитие этого образа в словесных заменах и перифразах, ср. в древнеславянском переводе «Слов» Григория Богослова «акы дыму рои подвигъшю» (Русская рукопись XI в.– ГПБ, (Q. п.I, 16, л. 71).

45 – То есть игрой в кости и в шахматы, которые порицались как «поганьскыя обычаи».

46 – О наказании идолопоклонников говорит апостол Павел в 1 послании коринфянам (10, 7–8), пересказывая некоторые книги Бытия: «народ сел есть и пить, и встал играть. Не станем блудодействовать, как некоторые из них блудодействовали, и в один день погибло их двадцать три тысячи».

47 – Общее место средневековой русской литературы, восходит к библейским текстам (встречается от древнейших частей Библии до Апокалипсиса).

48 – Следует притча из Еванг. от Луки (14, 8–11), приводимая по древнеславянскому переводу, в котором слово брак значит «пир»; здесь же добавления и комментарии из «Слова» Иоанна Златоуста по Измарагду. В X главе II редакции Домостроя та же притча дана в переработанном и сокращенном виде, как достаточно хорошо известная читателю.

49 – Также общее место; здесь начинается характерный для средневековых поучений мотив «против пьянства» – тема, достаточно важная и социально необходимая в эпоху, когда любое чрезмерное проявление греховно чувственного воспринималось как пьянство («опьянение»); само слово пьянство означало тогда не

действие от глагола пити, а качество (он пьян – чрезмерно возбужден). Древнерусская литература отразила это отношение к чрезмерности пития как выражение несобранности и самовольства (ср. «Повесть о Хмеле», «Повесть о Горе-Злочастии» и пр.).

50 – Из подобных формул состоят все древнерусские поучения «против пьянства», начиная с известных слов Феодосия Печерского (XI в.); много выразительных изречений содержится в древнерусском переводе «Пчелы» (XII в.), к которым восходят многие русские пословицы на этот счет. Здесь и слова из 1 послания апостола Павла к коринфянам (6, 10; 10, 23); ср. также Ефес. (5, 18), Деяния (4, 11), Пел. (3, 3) и пр.

51 – Мотив, частый в средневековой литературе, ср. и здесь (гл. 49: «любо званой или избранной человек...») – обычный для Домостроя парафраз из Еванг. от Матфея (20, 16 или 22, 14): «много званых, а мало избранных»),

52 – Нифонт «Трезвый», епископ Констанции Кипрской (память 23 декабря), известен преследованием «язычников» за игрища на русалиях («яко та игра от бесов есть»); «видение», описанное в Прологе, – ночное явление тысячи бесов, стремившихся уничтожить святого, который отпугнул их крестом.

53 – Гигиенические и эстетические правила поведения за столом и в гостях с выдержками из отцов церкви и из Евангелия (в том числе и притча «Егда зъван будеши на пир...», использованная составителем Домостроя выше); ср.: Бодянский О. М. Пандект монаха Антиоха.– М., 1913.-С. 20–26) (по древнерусской рукописи Пандект Антиоха XI в.).

54 – То есть для семьи, для домашнего употребления, иначе говоря – для «своих», без гостей и посторонних. В современном значении слово семья известно с конца XIV в., до этого (как и долго позже) оно употреблялось в со-

бирательном значении «челядь, (все) домочадцы», даже – «рабы». В Домострое отмечается как бы промежуточное по смыслу употребление, семейное здесь понимается по общности «дома» и «хозяина», это скорее еще familia, а не узкая по составу «семья».

55 – Обычная формула, выражающая личное пожелание человека.

56 – даст ответ Богу и мзды не получит – тут же и синоним этого слова – милость; однозначные термины вынесены из различных источников Домостроя.

57 – Главы 19 и 21 – переложение (с точными из нее выписками) 53-й главы Измарагда «Слово притча о наказании к родителем» (во II редакции – глава 17), в основе которой лежат «Слова» Иоанна Златоуста (ср. «Слово на пяток 5 недели после всех святых» в Златоусте). Именно отсюда заимствованы формулы, столь устрашающие современного воспитателя: «накажите з млада дети своя... любяи сына своего жезла на нь не пощади: наказан его в юности – да на старость твою покоит тя, аще ли измлада не накажеши, т ожесточав, не повинит ти ся... но иже детей страху Божию не наказа, то погибе... аще кто детей своих не научить воле Божией, то лютее разбойника осудится: убийца бо тело умертвит, а родители аще не научат, то душу погубят... неослабляй дети свои наказати: аще убо бьеши жезлом – не умрет, н паче здравее будеть... дщерь ли имаши, положи на них грозу свою, да съблюдеши я от телесных, и не осрамитися лице, аще бес порока отдаси дщерь свою...» и т. д. (Ср. и Притчи, 13, 24 и 23, 13–14.)

58 – В других списках вместо этого архаизма употреблено слово «смыслъ» (просуг – «возможность»).

59 – То есть переходят в вечную жизнь; эта метонимия очень часта в средневековых нравоучительных текстах. Восходя к словам Еванг. от Луки (16,9) «примут вы

в вечьныя кровы», она посредством перифраз (ср. древнеславянский перевод «Слова» Епифания Кипрского: «вечнии кровы и жилища», и пр.) порождает множество описательных выражений, одно из которых подхвачено и авторами Домостроя.

60 – Отслужить заупокойную службу на сороковой день после смерти дочери «на помин души».

61 – Следует выписка из «Слова» Иоанна Златоуста, образный смысл которой – «достучись до сердца (глубин) его».

62 – Указание на символ власти (сам текст-цитата из Измарагда); В. В. Розанов в «Сахарне» заметил по этому поводу (говоря о современных властях): «У вас не жезл, а палка. Вы с палкой пришли. «Палок» нигде в Священном писании не указано. «Жезл» – кроткое, мудрое управление». Многозначность древних слов такого же рода – характерная особенность Домостроя, смущающая современных читателей, привыкших к терминологической однозначности слова.

63 – Призыв избегать веселья и смеха во время игры с маленькими отражает средневековые представления о смехе как о греховном деле, искажающем реальные отношения и миру,– сатанинская сила, связываемая с язычеством.

64 – Извлеченный из Измарагда фрагмент сочинения «Како человеку подобаеть быти» с переработанным концом его (ср. Изборник 1076 года.-Л. 101 об.– 108 об.). Многие афоризмы этого произведения издавна использовались русскими писателями: ср., например, «Поучение Владимира Мономаха»: «При старых молчати, премудрых слушати, старейшим покарятися, с точными и меншими любовь имети, без луки беседующе...» (Лаврентьевская летопись 1377 года.-Л. 79); см. также главу 25.

65 – Вся 22-я глава представляет собой переработку соответствующей главы из Измарагда.

66 – «Гражданское» (т. е. нецерковное) наказание смертной казнью – в отличие от «торговой казни», т. е. наказании плетьми на рыночной площади.

67 – Слова пророка Исайи (26, 10): «Если нечестивый будет помилован, то не научится он правде,– будет злодействовать в земле правых и не будет взирать на величие Господа».

68 – Точно этого места нет у пророка Исайи, это парафраз многих мест Священного Писания.

69 – Следует текст «Слова» Иоанна Златоуста «о добрых женах», во всей сложности его символики и языка; это «Слово» заимствовано из Измарагда, однако и оно, и его непосредственный источник (Притчи Соломоновы, 31, 10–31) были широко известны и часто использовались в древнерусских компиляциях.

70 – Царица Феодора – жена византийского императора Феофила (829–842) и мать Михаила IV (842–867), родом армянка из Пафлагонии. Образец супруги и христианской царицы, заступницы и спасительницы, была защитницей почитателей икон, благодаря которой и 813 г. и было покончено с иконоборчеством в Византии. В уважение ее отцы Вселенского собора не прокляли ее умершего мужа, гонителя икон.

71 – Рукоделничяти – также рукоделие и пр., обозначение специальности (ср. выше мастеровой человек), ремесленника вообще (его работы).

72 – Здесь сатана, ср. обычную для древнерусских памятников тавтологию-глоссу в главе 26: «Горе мне, вей есмы прелщаеми от общаго врага – диявола». Все подобные формулы вынесены каждая из своего особого источника и в тексте Домостроя остались непереработанными как общепонятные; ср. в конце 38-й главы в

тексте «из Патерика»: «и зависть вражия объят старца...»

73 — Со всякими управа без волокиты...— обычное для деловых текстов выражение, использованное (с изменением формы слова) и Сильвестром в его послании к сыну (заключительная часть II редакции).

74 — Типичное выражение, заимствованное из Евангелия (от Луки, 23, 41 и др.). ср. современное наречие поделом.

75 — В этой главе с комментарием и добавлениями излагается «Слово» Иоанна Златоуста «Како имети челядь» по тексту Измарагда. В этой и последующих главках использованы и другие «Слова» Иоанна Златоуста (например, «Слово о посте»), извлеченные из Златой Чепи или из Измарагда: «Аще кто слуг держить», «Каковы люди держати и како о них промышляти» и пр.

76 — Слово вор, многозначное по смыслу, сохраняло еще и старое свое значение (от вьрати – «прельстить»), т. е. обозначало лжеца, лгуна, совратителя, обманщика, но в данном контексте, как это и нередко в Домострое, может уже означать и того, кто крадет, ср. ниже: «не крал бы, ни солгал» – оба преступления по традиции поданы как равноправные и сходные.

77 — Слова апостола Павла в 1 послании Тимофею (6, 2).

78 — Слова апосюла Павла в послании Титу (2, 9–10): «Рабов увещевай повиноваться своим господам, угождать им во всем, не прекословить, не красть, но оказывать всю добрую верность, дабы они по всем были украшением учению Спасителя нашего Бога».

79 — Слова апостола Павла в послании евреям (13, 4): «Брак у всех да будет честен и ложе непорочно, блудников же и прелюбодеев судит Бог».

80 — Слова апостола Павла в 1 послании Тимофею (6, 8): «имея пропитание и одежду, будем довольны тем».

81 – Описывается образная (крестовая, моленная) комната, которая могла быть только в богатых домах (одно из доказательств, что текст составлен для богатого боярина или преуспевающего купца) (описание подобных комнат см.: Забелин.-С. 153).

82 – В других списках «от баб потворных» – замужняя, чаще – пожилая женщина, занимающаяся знахарством, сводничеством и колдовством, от потворити – «напускать (порчу), по- творствовать, чаровать». В быту воспринималась как потатчица самым низменным страстям человека (особенно женщины), преследовалась церковью (аналог западноевропейской «ведьмы»): иногда слово употребляется и без определения, как термин, ср. в главе 37: «ни бабы, ни волхвы никако ж во двор не приходили...»

83 – Обычная для Домостроя игра слов, основанная на многозначности термина, не всегда понятного позднейшим переписчикам (в некоторых списках кушка вместо кунка). Происходит от слова куна – «ласка», обозначавшего животное, мех которого высоко ценился и на севере ходил вместо денежных единиц (ср. многие записи в берестяных новгородских грамотах начиная с XI в.). Слово кунка стало обозначать и молоденьких девушек и вообще (по мнению исследователей) было «местным новгородским ласкательным названием», но, все более сужаясь в значениях, стало обозначать – «ловкость в обмане мужей»;

84 – Феодора Александрийская, Младшая (+ ок. 474 – 491), преподобная, подвизавшаяся в мужском образе; память празднуется 24 сентября.

85 – Характерное место, показывающее принцип составления текста: не только афоризмы со ссылкой на авторитеты, но и развернутая притча, отталкивающаяся от символики словесного ряда.

86 – Распространенный парафраз по тексту Еванг. от Луки (12, 48): «и от всякого, кому дано много, много и потребуется, и кому много вверено, с того больше и взыщут».

87 – Буквально такого выражения в Писании нет, ср., однако, близкие по смыслу: «Бог богат милостью» (Послание апостола Павла ефесянам, 2, 4); «да будет скор на слышание» (Послание апостола Иакова, 1, 19) и пр.

88 – Характерное употребление слова, показывающего новое отношение к «преднему», т. е. прежнему: теперь оно оказывается не сзади (и уже прошло), как понимали это в средние века, а впереди, и вот-вот наступит: «пойдем вперед», т. е. дальше, а не «вернемся на преднее», т. е. на прежнее.

89 – В древнерусском быту изба и келья – разные типы жилых построек, не обязательно сельских или монастырских: различались разным числом комнат, но совпадали тем, что отапливались (или не отапливались) в зимнее время.

90 – То есть не произнесут заключительного слова к молитве – «аминь», указывающего на то, что молитва входящего услышана и можно приступить к делу.

91 – Из притчи о таланте и рабе по Еванг. от Матфея (25, 21).

92 – От старчества – так назывался систематизированный сборник рассказов о подвижнической жизни монахов в монастырях и скитах. На Руси были известны многие Патерики, переведенные на славянский язык, особой популярностью пользовался и Киево-Печерский Патерик, составленный в Киеве в начале XIII в.

93 – Типичное выражение средневековой литературы, выражает пренебрежение к «умникам», которые

желают обходиться в делах без Божиего благословения: заимствовано первоначально из переводных текстов («скудету ума»).

94 – Слова из Притч Соломоновых (25, 2223), использованные и апостолом Павлом в послании римлянам (12, 20).

95 – Говейно – собирательное именование всякого воздержания, здесь – пост. Вся жизнь средневекового человека строго распределена на дни постные и мясоед – будни и праздники, воспринимаемые через свойственную этим дням пищу. Пост (говейно) соблюдался по средам (день осуждения), пятницам (день казни Христа), а также в определенное время года: Великий пост – семь недель перед Пасхой; Петровский (апостольский) пост («Петровки») – летом, через восемь недель после Пасхи, до 29 июня (все даты по старому стилю), Успенский пост (госпожино говейно) с 1 по 15 августа, Рождественский («Филипповки») – перед Рождеством с 15 ноября по 24 декабря; таким образом, в году более 200 дней соблюдался суровый пост, во время которого запрещалось есть мясо, молоко и молочные продукты; праздничные дни – Пасха, неделя (воскресенье), Покров и Рождество; Обиходный постный крестьянский стол описывает и В. И. Даль (Т. III.-С. 345–346).

96 – День Симеона-летопроводца, 1 сентября.

97 – Праздник Покрова Богородицы, 1 октября.

98 – А з Дмитреева дни – то есть 26 октября.

99 – Филипово говение – Рождественский пост перед Рождеством с 15 ноября по 24 декабря. Чин свадебный. Чин, являясь последней главой Домостроя по данному списку, существует и сам по себе, как отдельное произведение; даже в данном списке описание свадьбы дается в нескольких вариантах, а в других списках представлены обычно только краткие версии. Текст издается по двум

рукописям, хотя вторая из них содержит фактически все известные сегодня варианты Чина. Первые два фрагмента даются по рукописи ГПБ, Q. XVII, 63, Л. 188–193; расширенная редакция публикуется по списку ГБЛ, ф. 205, № 340, Л. 145–171; варианты и исправления приводятся по изданию: Забелин И. И. Домострой по списку императорского Общества истории и древностей Российских // Чт. ОИДР.– 1881.– Кн. 2.– М., 1881.-С. 170–193; см. и поправки в изданиях: Чт. ОИДР.–1882.-Кн. 1.-М., 1882.– С. XI-XIV; Русский филологический вестник.– Т. 75.– Варшава. 1916.– Кн. 1–2.– С. 41–47.

100 – Расчесывание гребнем волос новобрачных имеет смысл очищения, после расчесывания невесты сваха заплетает ей уже косы замужней женщины.

101 – Перечисляются в хронологическом порядке церковные покровители новобрачных; у Авраама и его жен было бесчисленное потомство; Иоаким и Анна – родители Богородицы; византийский император Константин и мать его Елена узаконили христианство и признаются равноапостольными.

102 – «Теперь родители заключают «ряд» перед свадьбой, чтобы защитить интересы дочери перед мужем» (Коллинс, с. 4). Приданое являлось единственным средством сохранить отно- сительную имущественную свободу женщины в семье. (Семенова, с. 44 и ел.)

103 – ...говорит священник «О тебе радуется...» – Здесь и ниже («Достойно», «Все упование мое», «Могущему вместимая вмещати...») приводятся первые слова («возгласы») соответствующих песнопений, составляющих чин церковного благословения, обручения и венчания (по Требнику: первые три – из канона Богородице). Эти четыре текстовые вставки определяют границы и освящают соответствующие моменты свадебного действа, которое разворачивается своим чередом (типичный

пример наложения христианского чина на традиционно народный).

104 – То есть исполняют подходящие к случаю церковные песнопения в честь данного праздника или святого.

105 – По русскому обычаю лавка у стены, к которой приставлялся стол, почетнее, чем место на скамье, которая, в свою очередь, приставлялась к столу с противоположной (внешней) стороны.

106 – Русский свадебный обряд во всей его последовательности неоднократно описан историками, этнографами и фольклористами: из обобщающих трудов см.; Балашов Д. М., Марченко Ю. И., Камыкова Н. И. Русская свадьба.-М., 1986.

107 – ...и свяшенник говорит «Достойно...» – См. коммент. 112.

108 – То есть с почетной от жениха стороны, ср.: «Вообще же, если три и более человек идут или едут рядом, считают высшим местом то, на котором правая рука наружу и свободна» (Олеарий, с. 31).

109 – Присловье, очевидно, связанное с известным «стоянием» на Угре-реке в 1480 г., в результате которого московское царство при Иване III получило полную независимость от власти золотоордынских ханов.

110 – В продолжение всей свадебной церемонии невеста не скажет ни единого слова, за исключением некоторых, положенных по ритуалу; поцелуй жениха – утверждение знака соб- ственности.

111 – То есть зажиточными, домовитыми; это самостоятельные хозяева из числа соседей.

112 – См. коммент. 112.

113 – Французское сухое вино; в тексте Чина постоянно подчеркивается, что даже питие на свадьбе является частью ритуала и гости до поры до времени не должны упиваться, молодые же не пьют вовсе.

114 – См. коммент. 112.

115 – В этом варианте Чина сохранилось указание на то, что после свадебной ночи дружки жениха проводят мальчишник в компании со скоморохами и прочими веселыми людьми – жениху впервые разрешается пить вино. Послание и наставление от отца к сыну. Малый Домострой представляет собою краткое изложение Домостроя по II его редакции и, несомненно, принадлежит перу Сильвестра (см. вступительную статью). Он публикуется по Коншинскому списку XVI в. (ГПБ, Q. XVII. 149), который является самым древним и наиболее известным списком сильвестровской редакции Домостроя.

116 – Народная мудрость, призывающая к уживчивости; это слово – также признак Новгорода, а не Москвы, и попытки Сильвестра «уноровить» всем в Москве дорого ему обошлись в личной жизни.

117 – Следует подборка из нескольких евангельских стихов по Еванг. от Матфея (5, 39 и 44), от Луки (6, 27–30 и 35).

118 – Слова из посланий апостола Иакова (4, 6) и Петра (1, 5).

119 – Перечисляются покровители Руси и Москвы, святые Николай Мирликийский, покровители града Москвы митрополиты Петр и Алексий, также Сергий Радонежский, известные игумены главных русских монастырей Кирилл Белозерский, Варлаам Хутынский (новгородский святой), Александр Невский.

Протопоп Сильвестр

Протопоп Сильвестр, автор «Домостроя», — значительная фигура в истории и церковной жизни середины XVI века. Родился он в начале XVI века (точная дата его рождения неизвестна), а главной его деятельностью стало служение в Русской Православной Церкви. Сильвестр был духовным наставником царя Ивана Грозного, что сыграло важную роль в его жизни и его труде.

Его жизнь и служение пришлись на период правления Ивана IV, известного как Иван Грозный. В этот период Русское государство находилось в фазе становления и укрепления своего влияния, что сопровождалось и социальными изменениями. Протопоп Сильвестр активно участвовал в делах государственного управления и в вопросах духовного воспитания царя и его окружения. Он был одним из ключевых советников царя, что позволило ему оказывать влияние на важные государственные решения и реформы.

Сильвестр был человеком высокообразованным и глубоко религиозным. Его взгляды на государственную власть и роль Церкви в обществе отражали традиции русской духовности и стремление к порядку в государстве и в личной жизни. Одной из главных тем его учений была идея, что власть и вера неразрывно связаны, а успех государства напрямую зависит от того, насколько его правители и народ следуют христианским заповедям.

Сильвестр был убеждённым сторонником религиозного воспитания и считал, что только через строгую дисциплину, соблюдение церковных обрядов и моральных норм возможно достижение гармонии в обществе. Этот взгляд нашёл своё отражение в «Домострое», который он составил в качестве руководства для праведной и дисциплинированной жизни. В этом труде он объединил советы по ведению хозяйства, семейной жизни, духовному воспитанию и соблюдению религиозных обрядов.

Одной из центральных тем в его трудах было уважение к церковной иерархии, строгое соблюдение постов и правил богослужения. Сильвестр считал, что только через смирение и исполнение всех установленных правил можно обрести спасение.

Протопоп Сильвестр — ключевая фигура в церковной и государственной жизни Руси XVI века. Он был духовным наставником царя Ивана Грозного и одним из его ближайших советников. Сильвестр придерживался убеждения, что государство и религия неразрывно связаны, и что крепкое государство возможно только через следование христианским заповедям. Его учения нашли отражение в труде «Домострой», в котором он предложил правила для жизни христианской семьи, ведения домашнего хозяйства и духовного воспитания. Сильвестр проповедовал строгое следование церковным обрядам и дисциплине, видя в этом путь к порядку и благочестию.

На протяжении своей жизни Сильвестр оказал значительное влияние на церковные и общественные реформы. Он активно участвовал в политических делах, будучи советником царя. Из-за его влияния на Ивана Грозного и непосредственного участия в управлении страной, Сильвестра считают одним из важных государственных деятелей того времени.

Однако его близость к царю и участие в реформах вскоре привели к переменам в судьбе. В результате политических интриг Сильвестр оказался в немилости у Ивана Грозного и был сослан в монастырь. Впрочем, его идеи и труды продолжали оказывать влияние на русскую духовную и бытовую культуру на протяжении многих веков.

Протопоп Сильвестр считается автором «Домостроя», сборника наставлений, который систематизировал правила, касающиеся семейного и общественного быта. Эта книга охватывает как практические советы по ведению хозяйства, так и религиозные наставления, подчёркивая важность соблюдения христианской морали. Хотя его идеи могут показаться строгими с точки зрения современных стандартов, они служили опорой для русской семьи на протяжении долгого времени.

«Домострой» подчёркивает неразрывную связь между духовным и материальным бытом. Для Сильвестра это было важным — показать, что через правильное хозяйственное управление и верное следование христианским заповедям возможно добиться не только личного, но и общественного порядка. В этом смысле Сильвестр выступал как защитник патриархальной системы, где глава семьи нёс ответственность не только за материальное обеспечение своих домочадцев, но и за их духовное благополучие.

Сильвестр продолжал оказывать влияние на церковную жизнь и после своей ссылки. Его наставления по-прежнему читают и исследуют как важную часть русской духовной культуры.

Православная библиотека – Orthodox Logos

- *Песня церкви - Праведники наших дней* – Артём Перлик
- *Сказки* – Артём перлик
- *Патристика* – Артём Перлик
- *Следом за овцами - Отблески внутреннего царства* – Монахиня Патрикия
- *Откровенные рассказы странника духовному своему отцу*
- *Семь слов о жизни во Христе* – праведный Николай (Кавасила)
- *О молитве* – святитель Игнатий (Брянчанинов)
- *Об умной или внутренней молитве* – преподобный Паисий (Величковский)
- *В помощь кающимся* – святитель Игнатий (Брянчанинов)
- *Христианство по учению преподобного Макария Египетского* – преподобный Иустин (Попович), Челийский
- *Философские пропасти* – преподобный Иустин Челийский (Попович)
- *Священное Предание: Источник Православной веры* – митрополит Каллист (Уэр)
- *Толкование на Евангелие от Матфея* – святой Феофилакт Болгарский, архиепископ Охридский
- *Толкование на Евангелие от Марка* – святой Феофилакт Болгарский, архиепископ Охридский
- *Толкование на Евангелие от Луки* – святой Феофилакт Болгарский, архиепископ Охридский
- *Толкование на Евангелие от Иоанна* – святой Феофилакт Болгарский, архиепископ Охридский
- *Таинство любви* – Павел Евдокимов

- *Мысли о добре и зле* – святитель Николай Сербский (Велимирович)
- *Миссионерские письма* – святитель Николай Сербский (Велимирович)
- *Живой колос* – праведный Иоанн Кронштадтский (Сергиев)
- *Дидахе. Учение Господа, переданное народам через 12 апостолов*
- *Домострой* – протопоп Сильвестр

www.orthodoxlogos.com

www.ingramcontent.com/pod-product-compliance
Lightning Source LLC
Chambersburg PA
CBHW060557080526
44585CB00013B/602